O papel dos empresários no desenvolvimento do Brasil

Dados Internacionais de Catalogação na Publicação (CIP)
(Câmara Brasileira do Livro, SP, Brasil)

Resende, Enio
O papel dos empresários no desenvolvimento do Brasil : suas 12 competências e 5 incompetências / Enio Resende. – São Paulo : Summus, 2008.

Bibliografia.
ISBN 978-85-323-0404-9

1. Desenvolvimento econômico – Brasil 2. Desenvolvimento sustentável – Brasil 3. Empreendedorismo 4. Empresários – Brasil 5. Sucesso em negócios I. Título.

07-9611   CDD-658.4210981

Índice para catálogo sistemático:

1. Empresários : Papel no desenvolvimento do Brasil :
   Administração   658.4210981

Compre em lugar de fotocopiar.
Cada real que você dá por um livro recompensa seus autores
e os convida a produzir mais sobre o tema;
incentiva seus editores a encomendar, traduzir e publicar
outras obras sobre o assunto;
e paga aos livreiros por estocar e levar até você livros
para sua informação e seu entretenimento.
Cada real que você dá pela fotocópia não autorizada de um livro
financia um crime
e ajuda a matar a produção intelectual de seu país.

ENIO RESENDE

O papel dos empresários no desenvolvimento do Brasil

Suas 12 competências
e 5 incompetências

summus
editorial

O PAPEL DOS EMPRESÁRIOS NO DESENVOLVIMENTO DO BRASIL
Suas 12 competências e 5 incompetências
Copyright © 2008 by Enio Resende
Direitos desta edição reservados por Summus Editorial

Editora executiva: **Soraia Bini Cury**
Assistentes editoriais: **Bibiana Leme e Martha Lopes**
Capa: **Sylvia Mielnik e Nelson Mielnik**
Projeto gráfico e diagramação: **Acqua Estúdio Gráfico**

Summus Editorial
Departamento editorial:
Rua Itapicuru, 613 – 7º andar
05006-000 – São Paulo – SP
Fone: (11) 3872-3322
Fax: (11) 3872-7476
http://www.summus.com.br
e-mail: summus@summus.com.br

Atendimento ao consumidor:
Summus Editorial
Fone: (11) 3865-9890

Vendas por atacado:
Fone: (11) 3873-8638
Fax: (11) 3873-7085
e-mail: vendas@summus.com.br

Impresso no Brasil

Homenagens

A três competentes dirigentes de empresas que,
de alguma forma, influenciaram decisivamente
minha carreira de executivo e consultor.

Dentre suas muitas competências, destaco três:
visão estratégica, espírito empreendedor
e determinação na busca dos objetivos.

São eles:

Amaro Lanari Guatimozin, ex-presidente da Acesita.

Pedro Novis, atual presidente da Norberto Odebrecht.

Frederico Fleury Curado, atual presidente da Embraer,
por ter acreditado no inédito modelo de gestão de competências
que desenvolvi.

Sumário

Palavras do autor I 9

Palavras do autor II 13

Considerações sobre mudanças de paradigmas 15

Primeira parte

1 A importância econômica e social
dos empresários 18

2 Histórias de sucessos e fracassos 29

3 A evolução da liderança nas empresas 41

4 Uma maneira diferente de ver a solução
para o desenvolvimento do Brasil 56

5 Estratégia *Bolero de Ravel* 65

6 A respeito de BRIC 81

Segunda parte

7 As 12 competências e 5 incompetências
dos empresários 94

Em suma 120

Bibliografia 122

Palavras do autor I

Estes são os temas principais deste livro:

- Os empresários são os principais promotores do desenvolvimento econômico – e conseqüentemente social – de um país. A classe deve ser devidamente valorizada, e também estimulada, a assumir mais decididamente este papel.

- Para desempenhá-lo melhor, é desejável que os empresários desenvolvam todas as competências necessárias e abandonem práticas tradicionais inconvenientes, aqui denominadas, intencionalmente, de incompetências.

- Os empresários evoluem mais como empreendedores de negócios, o que é essencial e importante. Mas será bom para eles e para a sociedade que também evoluam como líderes sociais, de pessoas e equipes.

- A população de consumidores aumentará de tal forma no Brasil, nos próximos doze ou quinze anos, entre os que vão nascer (mais de quarenta milhões) e os que aumentarão seu poder de compra em conseqüência do aumento dos salários (assunto examinado neste livro), que implicará pelo menos uma duplicação da demanda de bens e serviços. Os empresários devem ter isso em mente.

- Dois fatores externos obrigarão o Brasil a desenvolver-se economicamente: o fator BRIC (explicado em capítulo especial) e o fator globalização acelerada.

- O Brasil se tornará economicamente desenvolvido, na mesma dimensão de tempo anteriormente indicada, e de forma ampla e definitiva, quando a maior parte da população estiver distribuída em pelo menos três classes médias.

- Assim: a maior população (hoje, de pobres) será promovida à classe média do primeiro estágio; a classe média, empobrecida nos últimos tempos, voltará à sua condição de verdadeira classe média; e a classe média alta – também prejudicada – voltará a ter um melhor padrão de vida. Para que tudo isso aconteça de forma convenientemente rápida, é importante construir e implementar um programa de aumento gradativo e monitorado dos salários (ao que se costuma chamar de "distribuição de renda"), cuja fórmula é esboçada neste livro.

- Aumentar a remuneração de quem trabalha pode ser o melhor investimento de médio e longo prazo para as empresas em geral. Grande parte do ganho dos trabalhadores retroalimentará o ganho dos empresários em forma de compra de bens e serviços, num processo de ganho duplo, que será, com certeza, o melhor e mais rápido caminho para acelerar o desenvolvimento do Brasil.

Palavras do autor II

Acredito que este livro pode ser considerado:

Importante, porque focaliza, de forma objetiva, questões estratégicas e prioritárias para fazer o Brasil deslanchar de vez, incluindo aí uma eliminação mais rápida da pobreza.

Oportuno, porque suas propostas e sua temática estão inteiramente relacionadas com as circunstâncias econômicas e sociais do país.

Diferente, por causa da reunião pouco comum dos assuntos que o compõem e pela maneira como os aborda.

Provocante, porque sempre incitará os leitores que constituem seu público-alvo – os empresários – a abrir a mente para novas idéias e a adotar novas posturas.

Ousado, porque adota estratégias, especialmente de publicação e distribuição, para causar amplos e imediatos efeitos.

Otimista, porque acredita que o progresso do Brasil é inevitável. E porque acredita também na capacidade de trabalho e realização dos brasileiros – de modo especial dos empresários, que saberão encontrar os rumos do progresso com ordem.

Urgente, porque as coisas vêm acontecendo rapidamente e a economia mundial estará favorável por algum tempo; retardar o progresso do Brasil poderá causar grandes prejuízos ao país e a seu povo.

Este autor não se acanha em solicitar aos leitores que, se gostarem da temática do livro e de seus propósitos, recomendem-no sem parcimônia e sem restrições. Mas, principalmente, que conversem com pares, associados, com suas equipes, família e amigos sobre a obra.

Considerações sobre mudanças de paradigmas

Assim como aconteceram estas evoluções instrumentais:

- Da caneta de pena para a caneta esferográfica.

- Das máquinas de datilografia e calcular para o computador.

- Do avião turboélice para o avião a jato.

- Do trem de ferro para o trem-bala.

- Do telefone comum para o celular.

- Do retroprojetor para o *datashow*.

- Do disquete 5"¼ para o disquete 3"½ e deste para o CD.

Está acontecendo a seguinte evolução no comportamento profissional, que precisa ser monitorada pelas empresas:

■┘ Da forma de atuar **eficiente** para a forma de atuar **competente**.

Já está em andamento um processo de desenvolvimento das competências dos profissionais empregados. Este livro pretende mostrar que os empresários também devem aumentar suas competências, até para responder melhor aos crescentes desafios. E vai indicar, na segunda parte, quais são essas competências.

Primeira parte

1

A importância econômica e social dos empresários

Admirável evolução

Até pouco tempo, os proprietários das empresas eram vistos pela população como uma classe de privilegiados, de ricos gananciosos, de patrões exploradores e insensíveis. E havia alguma razão para isso.

A volta ao passado é, de modo geral, um encontro com os mais atrasados estágios de evolução, tanto em termos tecnológicos como empresariais e organizacionais, para ficar só no âmbito da temática deste livro.

Entretanto, uma das melhorias mais significativas observadas na sociedade, em tempos recentes, e que merece um bom destaque, é a evolução da mentalidade e do comportamento dos empresários.

Vejamos esses dados altamente significativos:

- Os empresários brasileiros, de forma bem ampla, já aprenderam a não depender mais de governos para desenvolver seus negócios.

- O Brasil é o segundo país com maior quantidade de programas de qualidade instalados nas empresas.

- Mais de 1.200 empresas (mais da metade de grande e médio porte) são associadas ao Instituto Ethos – grande ONG voltada a incentivar a ética empresarial e, principalmente, a responsabilidade social. É importante também registrar que muitas outras empresas se vinculam de alguma forma a diferentes tipos de ONGs, especialmente às que se dedicam à preservação do meio ambiente.

- Cresce rapidamente o número de empresas brasileiras que estão se tornando multinacionais: Embraer, Gerdau, Petrobras, Vale do Rio Doce, Norberto Odebrecht, Marcopolo, Votorantim Cimentos, Klabin, WEG, Duas Rodas Industrial, Natura, Sadia, Embraco, entre outras.

- Embora ainda considerado um número pequeno, cerca de 1.500 empresas nacionais somaram-se ao time das exportadoras.

- Cabe mencionar aqui os belos exemplos de organizações muito úteis ao país, e todas muito bem-sucedidas: Senai, Sesi, Senac, Sesc, Senat e Sest – criadas, mantidas e dirigidas por empresários.

Vale registrar também o admirável trabalho do Sebrae, que desenvolve a mentalidade empresarial e orienta os novos empreendedores a agirem de forma mais planejada e com mais técnica.

Como se explica essa evolução dos empresários?

O comportamento dos empresários evolui mais rapidamente do que o comportamento do conjunto das demais classes sociais. E é bom que seja assim, porque essa evolução é muito benéfica para a sociedade.

Em que sentido? É benéfica porque os empresários constituem a classe com mais condições de promover o progresso da sociedade, que, por sua vez, só ocorre com economia em desenvolvimento.

E quem são os principais agentes do desenvolvimento econômico? Os empresários, sem dúvida. Com ou sem a ajuda dos governos.

E por que tomar consciência disso interessa aos empresários? Porque pode ser um fator a mais de motivação, além de poder dar maior significado e maior valor à classe.

E em que isso interessa à sociedade como um todo? Os empresários tendem a olhar mais além dos seus interesses imediatistas. Tendem a ser não apenas agentes do desenvolvimento econômico, mas também contribuidores importantes para o desenvolvimento social e cultural.

Traduzindo em miúdos: ao multiplicarem seus investimentos, eles contribuem para vários tipos de desenvolvimento. Vejamos.

O primeiro e mais importante deles é o aumento do emprego e dos salários – os dois fatores básicos da movimentação da economia. O conjunto dos salários forma a parte maior da renda nacional ou do PIB (produto interno bruto). O desenvolvimento, ou aquecimento, da economia ocasiona desdobramentos positivos de aumentos salariais, que contribuem para que as pessoas melhorem, de um lado, sua educação e capacitação profissional; de outro, seu padrão de vida social – melhor alimentação, mais diversão, aquisição de veículos, moradia, tratamento de saúde etc.

Uma das características dos países de economia mais forte é o fato de a grande maioria das pessoas ter bom padrão de vida: mais saúde, melhor educação e mais conforto. Melhorar estes três itens é também uma forma de gerar emprego.

O segundo tipo de desenvolvimento é o das tecnologias. Em situação de desenvolvimento da economia, as empresas dispõem de melhores condições para renovar e aperfeiçoar suas tecnologias – questão fundamental neste mundo de rápidas mudanças. Ao fazer isso, as empresas que fabricam peças de reposição e novos equipamentos e aquelas que fazem o trabalho de revisão e manutenção contribuem de outro modo para gerar e manter empregos e sálarios.

O terceiro tipo de desenvolvimento é o dos serviços de terceiros utilizados pelas empresas que estamos tomando como referência. Essas empresas – que podem ser indústrias, supermercados, bancos, outros comércios, telecomunicações, serviços públicos etc. – utilizam serviços de transporte, vigilância, malotes, entrega, limpeza, fornecimento de refeições, entre outros.

É preciso argumentar mais para justificar a grande importância econômica e social dos empresários?

Nova visão de negócios

É entusiasmante verificar como evolui a forma de ver o significado dos negócios nas principais comunidades de empresários.

Estão ficando para trás os tempos em que a visão de negócios centrava-se apenas no lucro – num lucro destinado somente ao enriquecimento e à aquisição de *status* social. Muito poucos tinham a visão de Henry Ford, que, há cem anos, já pensava e propagava a idéia da geração de empregos como base fundamental para o aumento de consumidores e crescimento da economia.

Como uma notícia que precisa ser alardeada, podemos perceber uma crescente evolução de mentalidade no meio empresarial. Não só quanto à tomada de consciência ambiental, mas também quanto à visão de que são os negócios que animam e desenvolvem as sociedades. As cidades e regiões evoluem em padrão de vida quando as empresas nelas se desenvolvem e geram empregos.

Uma demonstração de que a consciência da importância social da empresa tem se desenvolvido para atrair empreendimentos de negócios que as prefeituras de cidades do interior se acostumaram a fazer.

Mas uma visão mais moderna e evoluída de sociedade – também favorecida pela evolução dos negócios – precisa ser propagada e estimulada. Na verdade, são os negócios que movimentam as atividades humanas. Os esportes, as artes e as ciências acabam envolvidos pelos negócios, pois só podem evoluir quando estes florescem.

Todos precisamos nos acostumar a ver os negócios com bons olhos, como promotores do progresso de todas as instituições e como meio de melhorar a qualidade de vida de todas as pessoas.

Conforme disse o filósofo Tom Morris – ainda que com uma visão um tanto idealista –, "os melhores negócios são belas estruturas dentro das quais os seres humanos trabalham, crescem e se desenvolvem". Cabe completar que uma maior quantidade de negócios melhores resulta em belas estruturas sociais nas quais as famílias convivem e formam comunidades progressistas.

Os negócios estão por trás do desenvolvimento social, mas, num natural sentido de reciprocidade, também são beneficiados por ele.

Os inconvenientes da onda racionalizadora

Com esta visão positiva de negócio, assusta ver as ondas racionalizadoras (que, embora inevitáveis, poderiam ser mais criteriosas, menos impulsivas) promoverem redução de estruturas e de quadro de pessoal. O que assusta, na verdade, é a aparente frieza e despreocupação social com que muitos adotam as medidas redutivas.

É um consolo verificar, ao examinar com cuidado, que grande parte das empresas age assim por instinto de sobrevivência, mais do que por insensibilidade humana e social.

Até porque – nunca é demais lembrar – reduzir drasticamente o emprego pode prejudicar o desenvolvimento econômico, na medida em que reduz o número e/ou qualidade de consumidores, além de agravar os problemas sociais que já tem causado. É possível até pensar que um crescimento continuado de desemprego possa trazer ameaças às sociedades, como as conseqüências das diversas poluições ao meio ambiente.

Voltemos, porém, à nova e estimulante visão de negócio: ele deve ser visto, também, como um meio de animar a sociedade, de melhorar a vida, de desenvolver o país.

E, por conseqüência, a figura do empresário merece mais consideração, torna-se mais importante e mais admirável.

Aceleradores do progresso

Entretanto, o que este livro pretende destacar mais fortemente é a consciência – ainda por ser mais bem desenvolvida – de que são os empresários os que têm mais condições de acelerar o progresso do país, minimizar o desemprego e, principalmente, favorecer uma efetiva promoção social, em que pobres virem classe média baixa; a classe média baixa seja promovida à classe média normal; e – por que não? – voltemos a ter uma classe média alta mais robusta. Para que isso aconteça, as empresas precisarão aumentar em porte, em quantidade e em lucratividade.

É preciso "desenfatizar" a idéia – por parte de uma ainda grande parcela das pessoas que influenciam a opinião pública – de que cabe aos governos resolver nossos problemas econômicos e de promoção social. Além de colaborar para que as empresas circunstancialmente estatais tenham bom desempenho, o melhor que podem fazer é favorecer as iniciativas privadas e, de outro lado, garantir que o grande volume de dinheiro obtido com arrecadação de impostos seja bem aplicado: nas obras de infra-estrutura; na melhoria da previdência social, da assistência médico-social e da educação básica; no melhor aparelhamento das polícias e administração do trânsito, entre outras medidas de interesse público e social.

Onde entra o fator competência?

Destacar a importância social e a evolução da mentalidade dos empresários é uma coisa. Muito boa, diga-se de passagem. No entanto, cabe fazer estas perguntas: apenas mudar a mentalidade é garantia de sucesso? Todas as empresas estão obtendo bons resultados? Elas podem dormir tranqüilas? Os empresários estão ficando mais competentes em todos os aspectos necessários?

Pode-se dizer que a evolução da mentalidade dos empresários é um bom caminho para se chegar à competência de direção. Mas há outros fatores a considerar.

Centralizarei o foco do sucesso das empresas na questão da competência, porque ela constitui, de fato, a base de todos os resultados. Interessante esta comparação: assim como a economia é a base principal do desenvolvimento social, a competência é a base fundamental do sucesso – tanto de pessoas quanto de empresas.

O novo e forte significado de competência é *realizar com obtenção de resultados*. De todos os resultados que uma empresa precisa obter, não só os resultados imediatistas de volume de produção e vendas, mas também de desenvolvimento e clima organizacional, de evolução tecnológica, de melhoria de imagem no mercado, entre outros.

É preciso amadurecer a idéia de que o fator competência, aplicado à gestão e a negócios, é o que mais assegura sucesso em tempos difíceis, como têm sido este início de milênio e suas perspectivas.

Histórias de sucessos e fracassos

"Quem não tem competência não se estabelece"

É preciso botar a boca nos megafones e alardear que o tempo de vacas gordas já passou, especialmente para as empresas.

O antigo dito popular deste início de capítulo tem, agora, uma aplicabilidade que nunca teve, uma vez que as dificuldades de empresariar, ou de empreender negócios, vêm crescendo gradativamente. E, quanto mais dificuldades existem, em qualquer atividade, mais competências são requeridas para empreendê-la. Terminei o capítulo anterior destacando a importância do fator competência; na segunda parte deste livro, apresentarei as competências requeridas aos empresários para maximizar suas possibilidades de sucesso.

Continuarei, nos próximos capítulos, procurando sensibilizar os empresários de várias formas e com vários objetivos. Neste, mostrarei exemplos reais de fracasso e de sucesso empresarial.

O espírito, o ânimo e até o capital para empreender negócios talvez existam em maior abundância do que a competência necessária para tanto. Pode-se dizer até que a crescente complexidade para dirigir/gerenciar organizações, com obtenção de bons resultados, exige mais competências do que capital e outros recursos materiais. Examinando-se a quantidade e os tipos de competências (descritas na segunda parte deste livro) requeridos para empresariar com sucesso, fica mais fácil entender porque se torna cada vez mais um desafio – e portanto um risco maior – fazê-lo.

Torno a mencionar a importância do trabalho do Sebrae, voltado a ajudar os interessados em empreender negócios. Não sei se existem dados para demonstrar, mas quero crer que o Sebrae ajudou a diminuir muito a quantidade de insucessos em empreendimentos de micro e pequenas empresas. Contudo, mesmo com essa importante ajuda, predominantemente técnico-operacional, existem riscos de fracasso. E a explicação envolve carência ou descuidos em relação às competências de gestão requeridas.

Tenho afirmado, em várias oportunidades, que a atenção dada – pelos diversos tipos e níveis de liderança – aos requisitos necessários para o sucesso pessoal e profissional de suas equipes nunca chegou a ser profunda e objetiva como a que é apresentada em meus livros sobre competências, o que pode explicar verdadeiros maus desempenhos tanto de empregados quanto de dirigentes.

Assim como destaquei a ênfase técnico-operacional na ajuda do Sebrae, tenho lembrado que as outras contribuições de cursos e seminários gerenciais destinados a desenvolver empreendedores costumam dar prioridade ao aspecto técnico-operacional e insuficiente destaque para as competências de estratégias e de gestão.

E é preciso que fiquem bem claras as diferenças entre competências técnico-operacionais e competências *relacionais* e de *gestão/liderança*, uma vez que estas são importantes para que os dirigentes sejam bem-sucedidos em empreendimentos de negócios cada vez mais complexos.

Por isso, as escolas e os ensinos técnicos deveriam abordar essas competências de maneira mais aprofundada, mas ainda as consideram em seu currículo de forma tímida e/ou superficial.

Participei de um seminário, cerca de três anos atrás, promovido pela IT Mídia, com a presença de aproximadamente duzentos pequenos e médios empresários. No primeiro trabalho, solicitou-se dos participantes que indicassem as três principais dificuldades que sentiam para tocar seus negócios. Foram citados oito ou dez itens predominantes, dentre os quais: *gerenciar pessoas, negociar com fornecedores, ter habilidades de relacionamento, instabilidade do mercado, obtenção de financiamento* e *tomar decisões*.

Ficou bem marcante que metade dos itens tinha natureza mais gerencial. A outra metade referia-se às questões operacionais, financeiras e de vendas.

Por que empresas fracassam

Muitas empresas famosas e bem-sucedidas no passado acabaram por fracassar e desaparecer. Lembremo-nos de Matarazzo, Mesbla, Mappin, Vasp, Transbrasil, Klabin Azulejos (Klabin Papel e Papelão são empresas de muito êxito), Varig – que, felizmente, está sendo salva pelo gongo –, e muitas outras. É provável que a maioria dos leitores lembre de exemplos de diversas outras empresas que conseguiram sobreviver em tempos de facilidades de mercado, mas que desapareceram posteriormente.

É enorme o número de empresas que não dura mais de um ano. Temos visto a quantidade de abre-e-fecha de lojas nos *shopping centers*. Há uma loja de esquina, nas imediações de minha residência, que mudou de negócios, por conta de fracassos, pelo menos oito vezes em cinco anos, sem contar os muitos meses em que ficou fechada ou em reforma.

Considero três as principais causas de fracasso das empresas:

a) Impulsividade e improvisação

A maioria dos fracassos nas tentativas de abrir negócios resulta da ingênua suposição de que é fácil fazê-lo. Basta ter uma idéia, capital para adquirir os móveis e equipamentos e encontrar um ponto para instalar a empresa. Depois é só produzir e vender.

Diversas vezes, não se toma nem sequer o cuidado de examinar coisas básicas, como concorrência, ponto, regime de trabalho, obtenção de matéria-prima etc. Não se pensa nos novos hábitos, por exemplo precisar trabalhar até as 22 horas e em domingos e feriados (exigência dos *shopping centers*). Muitos gerentes demitidos que abrem negócios "quebram a cara" quando descobrem que ser chefe em uma empresa é diferente de ser empresário, e que lidar com empregados é mais difícil do que se pensa.

b) Desprezo às competências de gestão

Mais cedo ou mais tarde, as empresas descobrem que a principal competência requerida para garantir bons resultados em qualquer organização é a competência de gestão – estratégica e de pessoas, principalmente. Gestão de sistemas operacionais e de rotinas administrativas são mais fáceis. Merece destaque a dificuldade da gestão de pessoas, porque inclui o desdobramento em várias competências específicas, como saber lidar com diferenças individuais, saber não ser paternalista (paternalismo é uma das cinco incompetências de empresários, mostrada na segunda parte deste livro), saber desenvolver sentido de equipe etc. E também saber planejar, administrar recursos, delegar e tomar decisões. Todas elas com uso de boas ferramentas, o que muitas organizações e gerentes costumam negligenciar.

c) Não preparar sucessores

Outra conhecida causa de fracasso de empresas, no caso da passagem de uma geração para outra, ou de substituição de antigos gerentes, é o descuido com o preparo de sucessores. Existem exemplos famosos de empresas que alcançaram êxito com os fundadores e depois fracassaram já na segunda geração, ou um pouco na segunda e definitivamente na terceira.

Mas aqui vão exemplos de empresas que cuidaram bem da sucessão e continuam cada vez maiores e mais bemsucedidas: Grupo Votorantim e Grupo WEG.

A maioria das grandes corporações multinacionais possui uma regra fundamental: os presidentes são forçosamente substituídos aos 60 anos de idade (normalmente passando a integrar os conselhos diretivos); e seus substitutos, previamente conhecidos e devidamente preparados.

Certamente existem outras causas, contudo ficarei com as principais, tendo em vista a já mencionada intenção de objetividade, em todos os capítulos, para não tornar o livro cansativo.

Empresas que fazem bonito

É entusiasmante verificar um forte e determinado espírito empreendedor proliferar no Brasil, a despeito das dificuldades burocráticas e dos exagerados encargos sociais.

Quero destacar o impressionante crescimento, no país, de redes ou cadeias de negócios, e dentro dos mais modernos conceitos. Para não ficar somente na menção de empresas muito grandes e de notórios casos de sucesso, como as já citadas multinacionais brasileiras, destacarei diversas empresas que, com raras exceções, não figuram entre a relação das empresas bem-sucedidas ou não constituem ainda *cases* citados em seminários, apesar de "fazerem bonito".

Quero começar com o exemplo de uma empresa que sempre me impressionou por sua criatividade e espírito empreendedor. Aprendi a admirá-la por ser um inveterado consumidor do seu produto principal: o pão de queijo.

A Casa do Pão de Queijo – liderada por Dona Artêmia, aquela senhora cuja imagem aparece impressa em quadros, guardanapos, xícaras etc. – começou com uma loja nas imediações da Praça da República, em São Paulo, e é um exemplo de impressionante arrojo empresarial e de adaptabilidade operacional. Nunca parou de crescer e inovar, tendo já chegado a cerca de 480 lojas próprias e franqueadas. Uma de suas primeiras ações diferenciadas foi estimular as lanchonetes em geral a vender o seu pão de queijo, orientando a aquisição de forno apropriado, ensinando a preparar o produto e ainda fornecendo a massa pronta na quantidade e no prazo ajustados ao potencial de vendas de cada uma. Numa segunda e determinante estratégia, procurou ocupar os espaços que vislumbrava (nos *shopping centers* e nas lanchonetes de estradas, de rodoviárias e de edifícios de escritório), adequando o ponto-de-venda a cada situação possível, incluindo pequenos boxes dentro de cafés de grandes lanchonetes. E, com o tempo, foi introduzindo maior variedade de produtos próprios e diferenciados.

Cabe observar que as informações aqui apresentadas vêm de um observador e usuário, por sua conta e risco. Não as obtive na empresa, onde certamente poderia tomar conhecimento de outras estratégias de negócio. Alguns dos dados relatados me foram fornecidos por balconistas de lojas da rede.

Histórias bonitas de espírito empreendedor também têm as seguintes empresas brasileiras, cujo sucesso ainda não é devidamente propagado, mas que igualmente começaram pequenas e não param de crescer: os restaurantes e lanchonetes de estradas Graal e Frango Assado; dentro da cidade, as redes Habib's, Fotoptica, Viena e a

DPaschoal; a Schulz, fábrica de compressores; a Duas Rodas, já citada entre as multinacionais brasileiras; a Klin e a Pampili, líderes em calçados infantis; a Cooxupé, maior cooperativa de café do mundo; a Móveis Gazin e o Atacadão; as diversas redes de drogaria e farmácia; as muitas redes de lojas de roupas e calçados (destacando a rede de sapatos ortopédicos Dr. Scholl, por ser diferente); e também redes de restaurantes diferenciados dentro do crescente número de *shopping centers*. E mais: as redes de revendedoras de automóveis, de grandes lojas de materiais de construção, de lavanderias, de livrarias, de padarias-lanchonetes modernas e até mesmo as redes de modernos sacolões. E, ao mencionar o ramo de editoras de livros bem-sucedidas, aproveito para homenagear a minha, que tem se expandido de forma constante.

Vale mencionar ainda a Ferramentas Gerais, impressionante *shopping* de ferramentas (milhares de tipos, pequenas, médias e grandes) com gigantescas lojas no Rio Grande do Sul e Santa Catarina, e também as mais afamadas: Coamo, maior cooperativa agrícola de produtos diversos; Serasa, várias vezes primeiro lugar na lista das melhores empresas para se trabalhar; Martins, maior atacadista e distribuidora de produtos em todos os recantos do país, com frota própria de mais de dois mil caminhões; Grupo Comolatti, maior distribuidor de autopeças do país.

E, para fechar, um último destaque: as numerosas usinas de álcool e açúcar, atualmente tão em evidência, que têm aumentado sua capacidade de produção e/ou construído uma segunda unidade para atender à crescente demanda – o que favorece a economia do país e gera muitos empregos.

Cabe abrir parênteses para fazer este comentário: as usinas de álcool e açúcar estão em evidência em virtude da agora tão propalada substituição da gasolina pelo álcool combustível, como uma das soluções para diminuir o grave problema da poluição. Elas eram mais afamadas pelo aspecto negativo (caminhando para ser eliminado) do tratamento dado aos bóias-frias. Mas muitos não sabem que as usinas de álcool e açúcar já têm por tradição favorecer socialmente as comunidades nas quais atuam, e que já evoluíram a ponto de utilizar todos os subprodutos que antes eram jogados fora, causando problemas à natureza: a vinhaça ou vinhoto hoje transformado em fertilizante, bem como matéria básica para produção de levedura, rica em proteína, utilizada em produção de alimento; o bagaço da cana utilizado na geração de energia elétrica por grande parte das usinas, podendo ter ainda outras aplicações.

Grande parte dessas organizações anteriormente citadas está "fazendo bonito", se não em todos, na maioria dos seguintes itens: evolução tecnológica e/ou organizacional, em programas de qualidade, em satisfação dos clientes, em gestão de pessoas e em programas sociais/cidadania.

Que me perdoem as grandes, muito conhecidas e admiradas empresas brasileiras – bancos, indústrias, construtoras, comércios e serviços, privados e estatais – por não citá-las. Espero que entendam o sentido dessa mensagem.

A evolução da liderança nas empresas

Quem estiver atento para o desenvolvimento das organizações pode perceber que vai tomando corpo uma evolução de mentalidade das funções de supervisão e gerência, de um lado, e dos dirigentes principais, de outro.

Os empresários devem considerar como uma das principais vantagens competitivas de suas organizações contar com uma equipe gerencial capacitada não só tecnicamente, mas também no que diz respeito à gestão organizacional e de pessoas.

Vejamos qual tem sido o caminho da evolução da liderança intermediária nas organizações de negócio, desde os primórdios até o presente. O título dado à função denuncia o estágio:

Capataz–feitor > *encarregado–chefe* > *supervisor–gerente* > *líder coach–líder e líder mentor*

A maioria das empresas, talvez 60% ou 70%, ainda encontra-se nos dois estágios intermediários, uma parte um pouco menos (encarregado–chefe), outra um pouco mais (supervisor–gerente) evoluídas. Do ponto de vista da tendência de evolução, a notícia é boa, mas sob o prisma da urgência dessa evolução, nem tanto.

Vejamos agora como vem ocorrendo a evolução dos empresários:

Patrão escravocrata > patrão paternalista > empresário racionalizador > empresário empreendedor e cidadão

Há uma correspondência entre as duas evoluções, até porque os empresários dão o tom da evolução das lideranças intermediárias. Embora tenha feito no primeiro capítulo uma entusiástica referência ao crescimento do número de empresários com espírito de liderança social mais decidido, ainda é bem maior o número dos que se interessam quase que somente pelos movimentos dos mercados.

Não se deve misturar o aspecto anterior com a altamente positiva disposição para investir dos empresários, desprendendo-se da tutela dos governos, sensíveis ao potencial de evolução econômica do país.

Neste capítulo, está em destaque a liderança de pessoas e equipes. E, nesse particular, a evolução dos empresários ainda se mostra aquém do desejável; a maioria deles se encontra nos estágios intermediários, misto de paternalistas e exagerados racionalizadores.

Na outra ponta, do lado do empregado, pode-se demonstrar a evolução desta forma:

Escravo > serviçal > empregado/funcionário > colaborador > parceiro

Esta evolução corresponde mais à visão do empregador – que, repetindo, é quem de fato dá o tom nas relações entre empresa e empregados. Mas vale observar, como já fiz em outro livro (Resende, 2008a), que a nova geração de empregados tende a ser menos submissa a um tratamento mais duro das empresas e da gerência. Eles suportarão isto enquanto o mercado de trabalho lhes estiver desfavorável, e, mesmo continuando na empresa, seu desempenho será dissimulado e seu entusiasmo, baixo.

Conheço resultados de pesquisas realizadas no Brasil e nos Estados Unidos que não deixam dúvidas quanto ao aumento da desmotivação e das demissões, por iniciativa dos empregados, quando são tratados com excesso de rigor, de dureza, sem respeito e consideração humana.

As empresas só têm a ganhar em tratar as pessoas bem. Elas aceitam exigência de produção e rigor disciplinar, mas não aceitam injustiça e desrespeito...

Entretanto, há motivos para otimismo. Os estágios mais evoluídos relatados anteriormente, nas três situações, estão apenas vislumbrados, mas com grande certeza de que serão alcançados, com base na observação do desenvolvimento da mentalidade dos empresários.

Evolução vista sob outro ângulo

No quadro seguinte, há uma tentativa de ilustrar, sob outro ângulo, a evolução da mentalidade dos empresários. O percentual indica o grau de valorização, para eles, de cada item considerado. Os percentuais destinam-se a ilustrar o estágio:

Visão dos empresários – Fase anterior, menos desenvolvida (antes de 1980)

Valorização dos processos e do lucro	Valorização do cliente	Valorização dos empregados	Valorização do meio ambiente e da comunidade
80%	10%	8%	2%

De forma aproximada e simplificada, esses números querem dizer que, em tempos passados, os empresários eram bem mais imediatistas, com uma visão restrita de negócio e de seu papel.

Alguns fatores que condicionaram esse comportamento dos empresários foram: concorrência pequena ou inexistente, tecnologias pouco desenvolvidas, relações trabalhistas fracas e uma ainda restrita consciência de cidadania. Em tais circunstâncias, os empresários não estavam nem aí para clientes e empregados. Muito menos para o meio ambiente.

Visão dos empresários – Fase atual, mais desenvolvida – Visão de negócio evoluída

Valorização dos processos e do lucro	Valorização do cliente	Valorização dos empregados	Valorização do meio ambiente e da comunidade
50%	25%	15%	10%

O mundo, a sociedade e os empresários estão evoluindo, ainda que devagar, em todos os sentidos, à exceção das regiões extremamente pobres e daquelas com infindáveis conflitos bélicos. Estão evoluindo em tecnologias, em visão e operacionalização de negócios, em princípios e metodologias de gestão empresarial, em relações sociais e trabalhistas, em consciência da importância da preservação do meio ambiente, entre outros.

Vale dizer também que, nessa segunda fase – em condições normais de temperatura e pressão, por assim dizer –, os empresários mais evoluídos vão, aos poucos, descobrindo que, sem prejuízo de seus lucros, podem sentir-se mais realizados, mais cidadãos e mais satisfeitos consigo.

Fatores que estão determinando a evolução dos empresários

Um deles pode ser considerado de caráter interno.

O PAPEL DOS EMPRESÁRIOS NO DESENVOLVIMENTO DO BRASIL

Bons e modernos princípios de gestão empresarial têm sido ensinados a um número cada vez maior de executivos – com participação crescente de proprietários e dirigentes principais das organizações, aliás. Empresários mais antigos ou antiquados acreditam não precisar participar de programas ou de algum tipo de evento que proporcione desenvolvimento pessoal e gerencial.

Há uma oferta cada vez melhor de eventos e de literatura voltados para a conscientização e o desenvolvimento de capacitação e competências de dirigentes e gerentes.

Há também um grupo de fatores de influência externa.

1 O impacto da globalização

A globalização – que deve ser vista não somente do ponto de vista de abertura de mercados, mas também de diminuição das distâncias, de facilidade de comunicações e de transportes etc. – está transformando o mundo, rapidamente, num grande e aberto mercado. Nem as barreiras protecionistas evitarão a escalada da globalização dos negócios. Quem tende a ser mais beneficiado com ela são as empresas médias e pequenas, que tenderão a crescer de porte com a evolução de seus negócios.

Já é conhecida a previsão de que quatro dos países em desenvolvimento deverão ter grande evolução nos próximos tempos (quinze a vinte anos aproximadamente). Criou-se inclusive uma sigla para isso: BRIC, letras que correspondem a Brasil, Rússia, Índia e China (voltarei ao assunto em capítulo especial) – ainda que vez por outra se lembre que o Brasil precisa fazer o seu dever de casa, ou seja, criar as condições básicas de desenvolvimento, sob pena de sair fora ou perder o lugar para o México.

Os empresários sabem disso muito bem, até porque as empresas também precisam das infra-estruturas para se desenvolver.

2 A necessidade de valorizar o fator humano

Empresários mais evoluídos já percebem a necessidade de – decidida e efetivamente – cuidar para que as pessoas sejam bem administradas e adequadamente tratadas em suas organizações. De forma competente e profissional, não de forma paternalista, vai aqui um reforço de mensagem. Paternalismo é um dos pontos fracos dos empresários, conforme mostrarei na segunda parte deste livro.

Dirigentes, diretores e gerentes precisam desenvolver plena consciência dos seguintes pontos fundamentais:

i) Tudo acontece nas empresas por intermédio das pessoas, inclusive a operação e manutenção dos equipamentos e máquinas cada vez mais automatizadas.

ii) Lidar com pessoas é uma questão mais complexa do que se imagina. Em vez de evitá-la, é preciso aprender a administrá-la. E é necessário considerar isso um desafio, não uma chatice.

iii) O esforço de motivação das pessoas precisa ser permanente. Elas têm necessidade de motivação assim como de comida. Tratar bem as pessoas nas organizações dá trabalho, mas muitos bons resultados também.

iv) Trocar pessoas insatisfeitas não adianta. Passado o período inicial de deslumbramento, todos tendem a ficar frustrados, desapontados e desinteressados se a liderança, condições e ambiente de trabalho não forem satisfatórios. Não se pode confundir apego ao emprego (por necessidade de sobrevivência) com motivação, com prazer em trabalhar e fazer as coisas da melhor forma. E é bom lembrar que, para cargos mais estratégicos e importantes, há sempre vagas disponíveis no mercado.

Mais ainda: com o inevitável aquecimento da economia, o mercado de trabalho também vai esquentar, beneficiando a maioria das funções e profissões. E o desapego das pessoas insatisfeitas também crescerá, conforme mencionado anteriormente. Já vimos esse filme no ano do plano cruzado. Os Estados Unidos viram esse filme nos anos de prosperidade de 1993 a 2000, segundo estudos de que tomei conhecimento.

E mais este dado: o *turnover* – que tende a aumentar com o aquecimento do mercado – custa caro e gera problemas.

Outras duas questões importantes que os empresários precisam ter em mente, a propósito da gestão de pessoas:

a) Os gerentes e supervisores não estão, regra geral, preparados para lidar com pessoas. Quase sempre são contratados ou promovidos por sua qualificação técnica. Anteriormente isso era possível, agora não mais – como já está sobejamente comprovado. Demorar a levar esse fator em conta pode custar caro.

b) As novas gerações não aceitam o estilo de liderança tradicional, que tem muito de autocracia, paternalismo, protecionismo e outras inconveniências. Há um capítulo especial sobre as características das três gerações de pessoas no livro *As 4 principais lideranças da sociedade*, que compõe, com este e outros dois, a quadrilogia de minha autoria sobre competências.

3 A necessidade de se interessar (alguns dizem encantar) pelo cliente

Os dirigentes empresariais assimilaram o discurso da necessidade de tratar bem os clientes. Mais rapidamente do que o da necessidade de tratar bem seus empregados ou colaboradores.

O aumento da concorrência levou a uma ampla tomada de consciência sobre a importância de se dar melhor atenção e tratamento aos clientes. Estes, de seu lado, gostaram da idéia e têm se tornado cada vez mais exigentes quanto ao tratamento recebido de quem lhes vende algo ou lhes presta serviço.

Há uma crescente quantidade de treinamentos destinados a aprimorar o atendimento aos clientes e usuários para os mais variados tipos e níveis de profissionais de vendas, fornecimento, assistência técnica e serviços em geral.

E por que não dizer que tratar bem os clientes, além de ser bom para os lucros, é bom também para a melhoria da qualidade das relações e de vida na sociedade?

4 A consciência da responsabilidade social

Tem-se dado muita ênfase, nos últimos tempos, à questão da responsabilidade social, especialmente no que se refere à preservação do meio ambiente – que envolve a todos: governos, empresas, comunidades e indivíduos.

A natureza vem sendo agredida cada vez mais pela sociedade e já começou a dar claros sinais de que não está gostando nada da história – e que responderá com rigor às agressões sofridas.

Estamos vendo manifestações inusitadas da mãe-natureza: excesso de chuvas e inundações, de um lado; excesso de secas, de outro; elevação da temperatura da Terra; geleiras derretendo mais rapidamente; furacões mais freqüentes e destruidores, entre outras.

As sociedades têm se mostrado dispostas a agredir menos e preservar mais o meio ambiente, mostrando inclusive soluções criativas e eficazes para isso. Mas algumas medidas são mais complexas porque afetam a economia, o emprego e o ambiente social; e precisam de mais tempo, como é o caso da poluição provocada pelas fábricas. Outras requerem um grande esforço de conscientização, a exemplo do desperdício de água.

Nesse caso específico, há de se fazer, também, uma referência positiva à crescente tomada de consciência e adoção de medidas concretas de preservação do meio ambiente por parte de numerosas empresas.

Mas voltemos a falar da problemática do emprego, outro item importante da responsabilidade social. Eis duas terríveis conseqüências às quais não estamos acostumados a dar a devida atenção: os prejuízos psicológicos resultantes da frustração de não ter em que aplicar os conhecimentos adquiridos ao longo do tempo; e a revolta e ações agressivas por não ter onde obter recursos para a sobrevivência.

A sociedade precisa colocar sua ciência e consciência em favor da busca de soluções para os problemas ambientais e sociais cada vez mais sérios para ela própria, para os países e para a humanidade.

Os empresários estão muito envolvidos com essas questões, por tudo que já foi mencionado. E precisam contribuir muito para melhorá-las, pois assim, de uma forma ou de outra, terão retorno.

Eis um bom exemplo de responsabilidade social mostrado por um empresário:

Amaro Lanari Guatimozin, ex-presidente da Acesita, um dos mais competentes presidentes de empresa que já conheci, quando soube que a serra elétrica – adotada como medida de melhoria de produtividade – estava causando desemprego na região mais pobre do país, determinou que seu uso fosse interrompido, pelo menos até que se estudasse o problema social causado pela medida. Isso aconteceu ao final da década de 1970, no Vale do Jequitinhonha, onde a companhia tinha uma grande área de reflorestamento para alimentar com carvão os fornos da usina siderúrgica, responsável por uma comunidade de cerca de setenta mil habitantes, e que arrecadava muito imposto para as três esferas de governo.

Estilos de direção

Importa acrescentar aos quatro itens anteriores uma questão que também merece a atenção dos empresários e diretores de organizações. Trata-se do aperfeiçoamento dos estilos de direção e gestão. Um indicador da importância desse assunto é a crescente oferta de modernas teorias e de seminários diferenciados voltados a esse objetivo.

Houve um tempo em que os empresários pensavam que, como donos do negócio ou responsáveis principais pela organização, não precisavam melhorar seu estilo de direção. Acreditavam também que, pagando alguns cursos de liderança para seus executivos, ficariam dispensados de aperfeiçoar seu estilo de ser e agir.

Mas não é assim que as coisas acontecem, por duas razões: i) os executivos tendem a seguir o estilo da direção principal, a menos que sejam alertados a não fazê-lo; ii) cursos teóricos não são suficientes para melhorar a liderança nas organizações. É preciso cuidar de questões internas, culturais e organizacionais complementares.

Os dirigentes devem aperfeiçoar seu estilo de direção, o que não significa mudar sua personalidade ou perder autoridade. Trata-se de aperfeiçoar *papéis* exercíveis em determinadas situações na função de dirigente principal e apoiar algumas mudanças culturais, internas à empresa, necessárias à evolução organizacional e dos negócios.

E aqui vai uma afirmação irrefutável: nenhuma organização evoluirá e se modernizará sem algumas evoluções de natureza cultural (hábitos e costumes).

4

Uma maneira diferente de ver a solução para o desenvolvimento do Brasil

Eis o que pode ser uma boa estratégia para levar o país a dar um salto de progresso mais rapidamente: promover uma orquestrada melhoria dos padrões salariais e da condição de vida das quatro camadas sociais básicas – a classe mais pobre e as três classes médias.

Tem-se falado muito apenas em reduzir a pobreza, o que não deixa de ser louvável. Mas o país está em débito com as três camadas de classe média que foram penalizadas nos vinte anos de recessão. Mais do que isso. Está aí o caminho das pedras para uma mais rápida evolução econômica e social do país.

Falta desenvolver a visão de que é possível promover, simultaneamente, a riqueza para as quatro camadas sociais que abrangem mais de 90% da população (os cerca de 10% restantes, composto de ricos e muito ricos, serão beneficiados por tabela). Sugerir e estimular a busca dessa saída é um dos objetivos principais deste livro.

A condição para que aconteça uma ampla promoção do aumento da renda das diversas camadas sociais é haver um movimento de certa forma orquestrado na sociedade. O desafio maior está em conscientizar as lideranças empresariais a assumir essa importante empreitada com a ajuda de outros setores, especialmente das mídias.

Observação: por questão de cautela, limitei-me a falar de promoção das classes pobre e média. Mas é possível prever que o aumento dos bons resultados dos milhares de pequenas e médias empresas aumentará significativamente o que se pode chamar de classe rica (consta que, nos Estados Unidos, cerca de trezentas mil pessoas se tornam ricas a cada ano) – que não deve ser confundida com a classe de milionários.

O futuro já chegou

É preciso pegar um alto-falante e sair por aí dizendo, em alto e bom som, a todas as lideranças empresariais e aos próprios empresários que:

1 – O Brasil tem todas as condições para acelerar seus salto de desenvolvimento. Falta um pouco mais de entrosamento entre as lideranças empresariais.

Infelizmente não se pode ser otimista a ponto de esperar que esse desenvolvimento, aqui estimulado, aconteça por iniciativa e liderança de governos, aos quais costuma faltar ora apoio dos Legislativos na mudança das leis retrógradas, ora vontade, ora competência – às vezes, as três coisas juntas.

E mais: sabe-se que, em todo o mundo desenvolvido, as sociedades civis constatam que é preciso aprender a andar com as próprias pernas, o que acaba causando um enfraquecimento gradativo dos governos.

2 – De seu lado, a sociedade civil e as empresas têm dado mostras suficientes de que podem promover, com certa independência, condições necessárias para seu desenvolvimento, repercutindo no progresso do país. Estão aí os exemplos contundentes da força da população – pela criação de centenas de ONGs e pelo trabalho voluntário de mais de trinta milhões de brasileiros – e o exemplo dos empresários que transformam suas empresas em multinacionais, assim como daqueles que estão multiplicando seus negócios, conforme mostrado nos capítulos iniciais.

3 - A demora na evolução econômica e social prejudica toda uma geração de jovens, que não encontra oportunidade de colocar em prática o produto de seu longo estudo. E também provoca grande aumento da criminalidade.

4 - Vale considerar ainda que não é mais o caso de se cogitar o Brasil como o "país do futuro". O futuro já chegou e até nos pegou um pouco de surpresa. A questão agora é não perder a oportunidade de manter a posição de candidato a entrar no grupo das grandes nações com Rússia, Índia e China, o quarteto BRIC,

sobre o que tratará o último capítulo da primeira parte deste livro.

A força econômica da classe média

É demasiado importante, portanto, cogitar-se uma promoção de desenvolvimento social com efeitos bem mais amplos do que simplesmente melhorar pouco a pouco o valor do salário mínimo e salários próximos dele. Há de se cogitar um maior crescimento da renda, que alcance e beneficie todas as camadas sociais e que resulte, em médio e longo prazos, em aumento da riqueza geral da nação.

O mundo atual exige soluções mais rápidas e de maior alcance. E o caminho para isso é promover, aos poucos mas firmemente, o aumento real dos salários. Com efeito em cadeia, isso resultará – cabe repetir porque a idéia é muito boa – na importante diminuição da população mais pobre e no resgate da melhor condição econômica das classes médias.

Significa dizer que, num prazo de oito a dez anos, provavelmente, grande parte de uma população de cerca de oitenta milhões poderá passar de muito pobre e pobre à classe média baixa, cuja população atual, de mais de quarenta milhões, será empurrada para a classe média intermediária. Com o conseqüente aquecimento da economia, as classes citadas acabarão beneficiadas, subindo de nível também. Sim, inclusive os ricos serão beneficiados como resultado desse processo.

Para acender o fogo desse aquecimento, é preciso investir no aumento dos salários. O retorno será garantido. Não tem erro, porque o aumento dos salários reverterá imediatamente em compras. O aumento das compras de produtos e serviços fará expandir as atividades de negócio de modo geral, gerando mais emprego, e assim de forma desdobrada e crescente.

Outro comentário oportuno: por força dessa monitorada distribuição de renda mais ampla, ou em cadeia, as classes médias recuperarão seu padrão de vida de pouco mais de 20 anos atrás – período em que houve uma perda salarial efetiva de mais de 50%. Para dar uma idéia ao leitor, um salário atual próximo de R$ 3.000, recuperado ao valor anterior, seria de R$ 5.000,00, daí para cima. Perda esta de que muita gente mais adulta já esqueceu, e de que os com menos de 30 anos talvez nem façam idéia.

E este é mais um ponto que merece bastante destaque e consideração: *o país somente tornar-se-á rico e mais amplamente evoluído quando as populações das classes médias predominarem*. Razão pela qual devemos fixar idéia em uma ampla e mais rápida distribuição de renda, ou promoção do desenvolvimento da riqueza.

Os países mais ricos e evoluídos do mundo já provaram isso: Alemanha, Bélgica, Canadá, Espanha, Estados Unidos, Finlândia, França, Holanda, Inglaterra, Itália, Japão, Suécia e Suíça. E já cabe incluir Portugal.

Trata-se de investimento, e não de custo

Um segundo ponto também importante e que merece o mesmo reforço e destaque: a promoção do aumento da renda precisa ser vista, principalmente pelos empresários, como investimento, e não como custo. Investimento de rápido e garantido retorno, diga-se de passagem.

O aumento da remuneração de todos os níveis sociais fará aquecer a economia e movimentar todos os tipos de atividades, com ganhos de todas as empresas. Os governos receberão mais impostos e poderão construir mais obras e prestar mais e melhores serviços à sociedade. Tudo isso gerará muito emprego. É pagar para ver.

Para dar uma idéia mais concreta e pragmática do que significa aumentar a renda da população, de modo especial fazendo crescer a população das classes médias, vai aqui um exemplo. Enquanto a pescaria, como lazer, o ecoturismo, o montanhismo e variadas formas de piquenique devem movimentar uma economia ainda pouco significativa no Brasil, talvez de algumas centenas de milhões de reais, nos Estados Unidos – mesmo considerando parte da população equivalente à nossa –, essas práticas geram alguns bilhões de dólares anualmente, não ficando longe de todo o nosso PIB. Sem falar no que isso significa em termos de qualidade de vida.

Tive um exemplo disso ao visitar a casa de dois brasileiros que moram nos Estados Unidos, um há sete e outro há onze anos, em estados diferentes e exercendo profissões diferentes. Lá, pude ver, além de muito conforto, uma grande variedade de materiais e apetrechos para viagens, lazer e diversão. Coisas que não faziam quando moravam aqui.

Assim, com ganho maior e mais poder de compra, as pessoas buscam não só melhorar sua educação, saúde e práticas alimentares, mas aumentar também suas práticas e opções de lazer.

Cabe fazer aqui outro registro impressionante, ainda que com dados não precisos, porém visíveis: no Brasil, pelo menos metade das casas está inacabada, e a maior parte da outra metade não vê manutenção há muito tempo. Se a renda aumentar, sem dúvida, a grande maioria das famílias desejará melhorar sua moradia, movimentando rapidamente a rede de empresas que mais gera empregos: a construção civil. E cabe lembrar ainda que a produção da maior parte dos produtos de construção (tintas, pisos, azulejos, fios elétricos etc.) movimenta redes de negócios, já que se compõe de numerosas matérias-primas.

Portanto, não se deve pensar apenas em diminuição da pobreza. Mas também, e principalmente, numa ampla melhoria de padrões salariais em cadeia, visando à ampla melhoria da qualidade de vida que os brasileiros fazem por merecer, com desenvolvimento inevitável da economia do país, podendo, então, cogitar pertencer ao grupo das grandes nações do mundo.

Estratégia
Bolero de Ravel

É possível fazer uma interessante comparação entre a sugerida estratégia de crescimento econômico do Brasil com o andamento da música *Bolero de Ravel*. Quem a conhece sabe que ela é muito bonita, mas um pouco mais longa do que o normal. Para muitos, pode até parecer monótona, apesar de sua agradável melodia.

Mas é aí que reside o **x** da questão, ou da comparação. A música mantém um andamento constante mas firme, durante mais da metade do tempo, preparando-se para uma arrancada final, que surge forte e entusiástica.

Há um filme de treinamento em que o famoso maestro Zubin Meta explica a relação entre o andamento do bolero e o efeito desejado por seu compositor. Um maestro não competente, diz ele, pode se perder na regência dessa música – assim como pode se perder um empresário que cresce rapidamente e não sabe como tornar sua empresa organizacionalmente competente.

Crescimento firme, determinado, gradativo e entusiasmado – que deve ser bem conduzido, bem orquestrado. Assim precisa acontecer com a economia do Brasil, com maestros conscientes e competentes.

Um encontro inédito para um objetivo inédito

Como o concerto para o conserto (reparem a diferença entre as duas palavras) da economia do país, visando a melhor distribuição da riqueza, exigirá a reunião de várias orquestras e vários maestros – dirigentes das confederações e federações das indústrias, do comércio, dos transportes, dos bancos, das pequenas e microempresas etc. –, há de se pensar numa estratégia de união e ação conjunta dessas lideranças.

Essa questão precisará pairar na mídia até que o assunto esteja suficientemente aquecido para incentivar essas lideranças empresariais a examinar a idéia, a se aquecer, a se dispor a conversar com os pares e a decidir partir, conjuntamente, para medidas concretas. O assunto talvez não seja tecnicamente muito complexo. A dificuldade maior poderá estar na mudança de idéias e posturas dos dirigentes.

As mídias terão, pois, um papel muito importante como provocadoras, estimuladoras e facilitadoras dos movimentos de sensibilização, aproximação e união que precisam acontecer.

O exemplo do Japão de união da sociedade

Ao estimular a união da classe empresarial, visando acelerar o desenvolvimento do Brasil, incluindo a diminuição da pobreza e conseqüente crescimento das classes médias, lembro agora o exemplo do Japão.

Além de ter sido bastante destruído na última Guerra Mundial, por efeito também de duas bombas atômicas, o país vivia numa tradição de estrutura agrária e feudal. Compõe-se de ilhas com poucos recursos naturais e ainda fica afastado do grande centro econômico e produtivo do mundo. Sua produção industrial no início do século XX era pobre e de baixa qualidade, e seu principal recurso eram pessoas.

Por volta de 1962, teve início um movimento nacional liderado pela Juse (Japan Union of Scientists and Engineers), com forte apoio da imprensa e de setores importantes da sociedade, o que resultou no Japão rico e desenvolvido, por muito tempo a segunda maior potência econômica do mundo. Um dos países com melhor distribuição de riqueza e melhor padrão de vida. E isso foi alcançado em menos de vinte anos...

Ademais, o Japão ficou famoso e respeitado por ensinar qualidade gerencial e industrial ao resto do mundo desenvolvido e em desenvolvimento.

Ou seja: o Brasil precisará – como costumam dizer alguns prognosticadores – de trinta anos para se tornar um país economicamente forte e sem pobreza, se suas lideranças políticas e econômicas forem incompetentes. Mas penso que não é o caso, tratando-se das lideranças econômicas e sociais. Falta acontecer um movimento de união entre elas, para podermos pensar num prazo em torno de dez anos.

Abrindo parênteses

Em meio a tantas opiniões e debates (nos últimos dez anos, assisti a grande parte dos debates econômicos em vários programas de diversas emissoras de TV, assim como li e recortei centenas de artigos e entrevistas de economistas e filósofos-economistas publicados em jornais e revistas), um ponto parece quase unânime entre os mais ponderados entendidos em economia: ela não pode crescer muito rapidamente, sob pena de testemunharmos a volta da inflação e uma nova bagunça. Já vimos esse filme e pagamos muito caro por isso, com duas décadas de crises econômicas.

Isso explica também os pequenos aumentos do salário mínimo, a respeito do que a população vai, aos poucos, tomando consciência. Não se pode aumentar muito o poder de compra da população, porque a procura fica maior do que a oferta e os preços sobem. É preciso algum tempo para preparar o aumento gradativo da oferta e, assim, manter o equilíbrio da economia.

E, então, teremos de nos acomodar a essa terrível "ditadura" da economia?

Inspirados na opinião dos economistas mais sensatos, menos ortodoxos, é possível dizer: não necessariamente. Precisamos procurar soluções criativas, não convencionais. Mas é necessária uma intervenção dos atores que lideram a sociedade sobre a evolução regular e automática da economia. A proposta de solução *Bolero de Ravel* é uma idéia que poderá receber complementos, ajustes, adaptações; enfim, que poderá até estimular o surgimento de outras idéias diferentes e criativas. O que não pode acontecer é a passividade, o continuar esperando para ver como as coisas ficam.

Com base nesta proposta do *Bolero*, podemos promover a distribuição de renda de modo que a economia cresça no ritmo conveniente. Repetindo: de forma cadenciada, crescente, determinada. E, por que não, entusiástica. Precisamos de maestros.

> *"A dificuldade reside não nas novas idéias,*
> *mas em se livrar das velhas idéias."*

J. MAYNARD KEYNES
Economista inglês

Solução orquestrada

Tudo bem. Mas com quem e como orquestrar o crescimento gradual da remuneração, que é a base principal do crescimento da economia?

Será necessário contar com interessados e entusiasmados maestros para conduzirem uma nova *Aquarela do Brasil* e orquestrarem uma bela solução coletiva de distribuição crescente e bem ordenada de renda, que resultará na eliminação da pobreza e resgate das verdadeiras classes médias. Sem aumentar a inflação – eis a importante questão.

E por que não fazer esta oportuna (ainda que um pouco ingênua) pergunta: se nos países desenvolvidos – Estados Unidos, Alemanha, França, Itália, Espanha e todos os outros citados anteriormente, cujas classes médias representam a grande maioria da população – foi possível aumentar os salários de forma crescente sem causar inflação, por que isso não pode acontecer no Brasil?

Sabemos que os condutores da economia brasileira seguraram os aumentos e elevaram os juros, a fim de evitar aquecimentos que causassem a volta da inflação e jogassem por terra o grande esforço já realizado. Em outras palavras, como forma de acabar com a cultura inflacionária. E parece que conseguiram o resultado, ainda que à custa de longo período de esfriamento dos negócios e dos empreendimentos, gerando muito desemprego e numerosos e sérios problemas sociais.

O desaquecimento da economia foi orquestrado pelo Banco Central – BC (de forma muito mais monótona do que o *Bolero de Ravel* e sem pelo menos mostrar uma melodia agradável). Restam dúvidas se a sociedade pode esperar do BC o papel – contrário – de articulador de um desenvolvimento mais rápido da riqueza. Mesmo que houvesse uma disposição política do governo, o BC parece contentar-se com o papel de controlar os freios de pé e de mão da economia.

Precisamos firmar na mente que os promotores mais efetivos do desenvolvimento econômico serão sempre os empresários.

Se ainda pairar alguma dúvida sobre o modo como os empresários podem fomentar esse desenvolvimento gradativo e seguro da economia, proporcionando os benefícios da promoção das classes sociais e do progresso do país, vamos sintetizar aqui os argumentos para tanto, com o acréscimo de alguns detalhes operacionais:

- Tomada de consciência e ação conjunta das lideranças empresariais, com apoio e facilitação das mídias. Material suficiente e didaticamente explicativo deve ser preparado e amplamente distribuído.

- Entrosamento entre as federações dos empresários e dos trabalhadores inspirado pelo grande alcance social e econômico da medida. Nessa hora, interesses específicos de categorias têm de ser deixados de lado.

- Exame técnico para formular e criar estratégia de aplicação da medida de graduação dos aumentos salariais. Há muitos doutores disponíveis e talvez dispostos a colaborar. O que não pode acontecer é o excesso de discussão e dispersão.

- Uma comissão composta por representantes de todas as entidades envolvidas deverá se encarregar de fazer as coisas andarem dentro de um prazo razoável. E também de cuidar de eventuais entraves.

- Realização de grande campanha de esclarecimentos a respeito das soluções encontradas, envolvendo todas as mídias, as grandes e as internas das empresas. Nesse caso, visando à compreensão e ao apoio dos empregados.

Reforço de idéias

Invertendo o sentido da "roda da economia"

O grande desafio ao crescimento rápido do país, incluindo a melhoria da distribuição de renda, está em reverter o sentido da roda ou ciclo da economia. Lembremos como ela funciona.

Nos últimos tempos, ela tem girado mais no sentido negativo. Ou seja, com as causas e efeitos orientados para a redução: o desemprego gerado pelas inovações tecnológicas leva à diminuição de compras; para manter as vendas, os empresários reduzem preços, o que os obriga a diminuir custos, entre eles o custo da folha de pagamento, segurando aumentos salariais e promovendo demissões.

Numa outra ponta desse processo negativo, as demissões enfraquecem o mercado de trabalho, diminuindo a quantidade de consumidores e reduzindo o valor dos salários, o que leva à diminuição do poder aquisitivo, que fazem cair as vendas, prejudicando a produção em cadeia etc. O círculo negativo fica reforçado.

Destaquemos outros ângulos das conseqüências do ciclo negativo da economia, a fim de que esse reforço nos cause incômodo: fechamento de empresas e desvio do capital investido nas empresas para aplicações financeiras;

crescimento do desemprego (além do provocado pela tec-
nologia); aumento da pobreza; menor arrecadação de impostos pelos governos; sem falar nas outras conseqüências, como aumento da economia informal, da corrupção,
da criminalidade etc.

Quem serviu no exército sabe que, nos treinos, o sar-
gento dá a ordem "Ordinário, volver!" para mudar a direção da marcha. Não só no sentido de avançar e voltar, mas
também marchar para os lados, fazer movimento de marcha parado e ainda acelerar.

Os exercícios de marcha constituem uma lição de fle-
xibilidade de movimentos estratégicos que as empresas
devem adotar conforme as circunstâncias. No momento,
estamos precisando das ordens avançar e acelerar. Chega
de marcha a ré. Chega de retroceder. Chega de negativis-
mo. Chega de pessimismo. Chega de incompetência.

E que as lideranças assumam o comando das marchas
da economia e determinem o avançar de forma certa e
crescente. De maneira orquestrada, é preciso insistir. Os
comandantes da marcha, neste caso as lideranças dos empresários, devem contar com a torcida da sociedade, estimulada pelas mídias. O que, na proposta deste livro, significa: investimento em aumento salarial (gradativo mas
decisivo), resultando em aumento do consumo (gradativo), promovendo o crescimento das empresas em geral e

em cadeia, motivando mais investimentos e empregos, revertendo também em mais impostos pagos aos governos, que poderão investir mais em bens para a sociedade, gerando emprego por seu lado.

É este ciclo positivo que poderá fazer a economia do país crescer em 4%, 5%, 7%, e, daqui a alguns anos, em 10% e 12%, conforme aconteceu antes dos terríveis tempos de recessão econômica, e como está acontecendo nos países parceiros do Brasil no BRIC (Rússia, Índia e China).

Unindo o útil ao agradável

Está nas mãos dos empresários, principalmente, reverter o ciclo da economia e ajudar o Brasil a tirar o atraso de desenvolvimento, assegurando sua presença no novo grupo dos países ricos e desenvolvidos.

Será uma grande missão e uma grande oportunidade, inclusive para tornarem suas empresas mais potentes e competitivas, porque o crescimento dos lucros, para novos investimentos, será uma conseqüência inevitável; e ainda prepararem-se para os novos desafios colocados pela globalização.

Eis, portanto, o que se pode chamar de unir o útil ao agradável: ao mesmo tempo em que contribuem para melhorar a distribuição de renda e ajudar o país a se tornar uma grande potência, os empresários ganham mais dinheiro e ajudam suas empresas a crescerem.

Trechos de entrevista concedida pelo canadense David Bornstein ao jornal *O Estado de S. Paulo* ("Empreendedores podem mudar o mundo", 5 out. 2005):

As empresas podem ser grandes aliadas do empreendedorismo social, se souberem casar os conceitos com suas políticas de responsabilidade corporativa. [...] Elas podem agir fornecendo produtos, preservando o meio ambiente e dando boas condições de trabalho [podendo] *trazer um fantástico retorno sobre seu investimento e para sua imagem.*

Algumas idéias de ações práticas

As lideranças empresariais já desenvolveram o bom hábito de se reunir para examinar e discutir questões de seu interesse e, especialmente, para se atualizar. Já se acostumaram a ouvir opiniões de especialistas e "gurus".

Cabe agora incluir em suas agendas esse novo e talvez surpreendente tema: como influenciar decisivamente a fim de promover a reversão da roda ou ciclo da economia do sentido negativo para o positivo. Em outras palavras, o que devem fazer de prático para direcionar e estabelecer ritmo ao crescimento da economia, com atenção para o emprego e a diminuição da pobreza. Quais informações complementares precisam obter, que ações adotar, que parcerias fazer.

As mídias, tanto as amplas quanto as especializadas (jornais, revistas, TVs e rádios), poderiam priorizar em suas pautas o exame e debate desse tema.

As associações profissionais voltadas para gestão empresarial, gestão de pessoas, desenvolvimento de mercados etc. devem incluir o tema, prioritariamente, em seus programas de palestras, seminários e congressos.

Eliminando um receio

Alguém deve estar pensando, em relação à distribuição de renda: e como superar os empecilhos das leis trabalhistas ultrapassadas?

Os riscos serão mínimos com a seguinte estratégia: aumento gradativo do salário fixo, ou nominal, sustentado pelo retorno do crescimento de consumo e vendas. A lei favorece o salário variável, por meio da prática da PLR (participação nos lucros e/ou resultados), pois só é devido se a empresa tiver resultados positivos. Estimula-se a prática porque sobre essa remuneração não recaem encargos trabalhistas.

A lei que incentiva a prática do PLR (ou PPR, programa de participação nos resultados) é uma das melhores coisas que aconteceu no campo das relações de trabalho nos últimos tempos. Ela foi criada exatamente para estimular a distribuição de renda, e as empresas só têm a ganhar com ela. E mais: os empregados ganham, a economia ganha, o país ganha. É o verdadeiro ganha-ganha.

A prática da PLR, sem qualquer risco, requer apenas o cuidado de aplicá-la de forma correta e criteriosa, evitando improvisações e paternalismos.

Outras sugestões finais

É altamente desejável que os trabalhadores sejam orientados a discutir essas questões com parentes, amigos, colegas de trabalho, vizinhos etc., especialmente no que se refere aos benefícios da distribuição de renda e do papel dos setores da sociedade para contribuir com a prática.

É muito importante também promover uma rápida tomada de consciência, pela sociedade mais ampla, porque a medida reflete positivamente em todos os setores da sociedade. Há de se destacar a relevância, a oportunidade e a urgência dessas questões aqui examinadas.

Os três atores principais são: os empresários fazem, de um lado, a sua parte com suas entidades e seus pares; as pessoas, vistas agora como consumidoras e cidadãs, fazem a delas com as famílias, comunidades e em seus locais de trabalho; as mídias e lideranças sociais fazem então a sua parte, ajudando a esclarecer e a estimular.

Enfim: com todos cumprindo a tarefa que lhes cabe, veremos o Brasil crescer de forma mais acelerada, segura e sustentada.

A respeito de BRIC

O Brasil como uma das quatro
futuras grandes nações do mundo

> *O Brasil já não é mais o país do futuro pelo
> simples fato de que o futuro já chegou. O Brasil
> já é a terceira maior democracia do mundo;
> já é líder de um bloco comercial.*
>
> KENETH MAXWELL
> Historiador inglês e brasilianista

Uma grande oportunidade de união, mobilização e motivação nacionais.

Já temos futuro à vista

Nas últimas décadas, o Brasil tem andado muito para os lados, às vezes para trás e, nos esforços de ir para frente, andou derrapando demasiadamente. Talvez porque esteja faltando à sociedade uma clara visão de futuro. Talvez falte ao país um grande motivo agregador e incentivador para buscar um progresso mais rápido e efetivo.

Se faltava, agora já o temos. Chama-se **BRIC**, sigla que já deveria ser mais familiar à população e estar mais presente na mídia, nas conversas e nos debates.

O que vem a ser BRIC

O Brasil é considerado uma das quatro prováveis novas nações potentes do mundo, com a Rússia, a Índia e a China. Daí surgiu a expressão BRIC, já consagrada, formada com a letra inicial desses quatro países.

Quando essa previsão se concretizar, os quatro países certamente farão parte do atual G7 (grupo formado por Estados Unidos, Inglaterra, França, Itália, Alemanha, Japão e Canadá), que passará a ser denominado G11. A Rússia – por ter sido uma grande potência antes do fim da União Soviética – já está com meio pé no grupo, às vezes chamado G8.

No entender de quem fez essa previsão, em 2003, o influente banco de investimentos Goldman Sachs, o processo se completaria por volta do ano 2040. Trata-se de uma boa notícia, sem dúvida, mas talvez algo possa ser feito a fim de antecipar essa previsão. O Brasil tem pressa. Há muito atraso para tirar.

Cabe argumentar, como forma de incentivo, que, pelo menos em relação à China e à Índia, o Brasil possui alguns fatores que lhe dão vantagem: i) população muito menor, o que diminui o tamanho dos problemas a resolver; ii) mais condições favoráveis, como situação político/ideológica já razoavelmente resolvida, grande quantidade de recursos naturais e básicos, indústrias e outras organizações de infra-estrutura bastante desenvolvidas.

Nosso maior problema é a fraqueza política e governamental. E está nas mãos da sociedade resolvê-lo. Falta nos darmos conta disso devidamente.

Se acreditarmos na possibilidade de acelerar a distribuição de renda, conseguindo seus contundentes efeitos, como visto no capítulo anterior, poderemos nos antecipar na obtenção das condições para fazermos parte do time dos países grandes e evoluídos.

Priorizar as medidas para assegurar um desenvolvimento mais rápido do Brasil, a fim de que possa confirmar-se como parte do BRIC, deveria ser o principal programa de pelo menos dois dos próximos governos (é irresistível pensar na vantagem de um novo JK nessa oportunidade).

Até porque, como resultado disso, o país adquiriria mais depressa as condições para resolver seus mais urgentes problemas, que bem conhecemos.

"Embricar" e embicar

Dentre os significados da palavra embicar, conforme mostra o dicionário de Antônio Houaiss, estão os de "tomar a direção" e "encaminhar-se para". Por feliz coincidência, é justamente o que se propõe para o neologismo "embricar". Ou seja, *colocar ação* na idéia que gerou a sigla BRIC.

Usar esse trocadilho poderá de fato popularizar essa idéia, que carrega consigo grandes possibilidades de progresso para o nosso sofrido e maltratado país.

"É tempo de embricar" – quem sabe esse *slogan* pega. O que pode ser uma nova oportunidade para motivar o povo e a sociedade brasileiros, de modo que fiquemos menos dependentes do sucesso do futebol para isso. Confirmado e bem-sucedido como parte do BRIC, o Brasil nos permitirá obter justamente aquilo que buscamos compensar no futebol: riqueza e desenvolvimento, com muitas oportunidades de realização pessoal e profissional, com muito emprego e menos pobreza. E com mais forte e sólida auto-estima.

Causas e efeitos

Temos aqui uma boa oportunidade para refletir sobre esta questão: quando se fala em soluções prioritárias para desenvolver o país, quase sempre se enfatizam – especialmente pelos candidatos políticos – os efeitos das medidas, em vez de se destacarem as suas causas. Traduzindo para nosso problema principal: é preciso primeiro criar as condições econômicas, estruturais e técnicas (causas), para então alcançar os resultados desejados de progresso do país (efeitos).

Colocando de uma forma mais simples: os discursos predominantes, sejam eles ingênuos, demagógicos ou oportunistas, falam em priorizar a educação, a saúde e a geração de emprego. Mas como é possível melhorar a saúde e a educação, que precisam de muita verba – inclusive para pagar bem os professores e dispor-se de recursos didáticos –, sem melhorar as receitas dos governos e fortalecer a economia na sociedade?

Para melhorar as receitas do governo (sem sacrificar a população com elevados impostos), é necessário que a economia esteja aquecida, com as empresas faturando mais para arrecadarem mais impostos. Sem que os excessos de impostos prejudiquem as verbas de investimento das empresas, que vão aquecer a economia e gerar empregos.

É sempre bom nos lembrarmos da roda positiva da economia: aumento dos salários (pelo ou para o aquecimento da economia) faz aumentar o consumo, que leva toda a cadeia de empresas a produzir e distribuir mais, gerando mais empregos, e assim repetida e crescentemente. Há também a roda paralela: empresas faturando mais e pessoas ganhando maiores salários fazem crescer a arrecadação de impostos, proporcionando melhores condições aos governos de investir mais em obras e serviços, gerando outros empregos, e daí seus desdobramentos positivos.

É preciso botar lenha na fogueira da economia, a fim de que o bolo PIB cresça e possa ser mais bem repartido para a satisfação de todos.

Como estamos – não podemos fugir da realidade – com a economia em movimento lento, é preciso buscar mais energia para fazer a roda girar mais fortemente. Essa energia se encontra nos investimentos. Mas é necessário que os ativadores dessa energia, os empresários, estejam confiantes e motivados para exercer seu papel.

Quando a roda estiver em movimento, gerando recursos e riqueza com continuidade e segurança, os atores responsáveis pela melhoria da educação e da saúde – governos inclusos – terão melhores condições para fazer sua parte.

Cabe ponderar novamente que é mais viável e rápido acelerar o desenvolvimento da economia e obter os recursos necessários para melhorar a educação e a saúde do que tentar melhorar as complexas organizações de educação e de saúde sem dispor das condições básicas necessárias.

Os ganhos progressivos de remuneração nos próximos dez anos poderão compensar as perdas dos últimos vinte. Isso será bom para os que trabalham por salário, mas será bom também para a economia e para o país como um todo.

Portanto, há de se mudar a ênfase do discurso na tentativa de obter recursos para investir, a fim de gerar empregos, o que fará aumentar o poder de compra e consumo para alimentar a produção, que acionará outras atividades econômicas – como produção de matérias-primas, transportes etc. – que gerarão novos empregos, possibilitarão maior poder de compra e consumo, arrecadarão mais impostos e assim por diante. Nesse meio também estarão, como fatores de energização interna, a educação e a saúde.

Lembrando sempre: será possível minimizar a pobreza, gerar empregos e diminuir a criminalidade, melhorar as condições das escolas, dos hospitais e do saneamento básico, consertar e melhorar as estradas etc. quando forem criadas as condições econômicas para isso (as técnicas e materiais já existem), razões pelas quais é preciso que as forças da sociedade coloquem sua inteligência e esforços em favor da criação de condições para desenvolver a economia do país. E estão aí apresentadas duas maravilhosas oportunidades: a distribuição de renda administrada, tal como sugerido no capítulo anterior, e a preparação para confirmar o Brasil como uma das quatro futuras grandes potências – conforme indicado pela sigla BRIC e mostrado neste capítulo.

Agora se pode falar em "país do futuro"

A expressão "Brasil, país do futuro", criada por Stefan Zweig, em 1941, e muitas vezes desacreditada em razão das derrapagens do país na busca de seu desenvolvimento, começa a deixar de ser apenas uma promessa, uma possibilidade, e adquire perspectivas de realidade concreta.

Por dois motivos: i) surge agora uma oportunidade mais concreta, com indicação do *que*, do *como* e do *quando* fazer, para o resultado acontecer; ii) trata-se de importante fator de motivação para unir a sociedade em torno de um grande objetivo.

A promessa de "país do futuro" já tem mais de sessenta anos, embora em um ou outro momento parecesse estar prestes a acontecer. Finalmente, vê-se a luz no fim do túnel, para usar uma expressão muito empregada nos debates sobre economia do país.

O assunto BRIC não pode, como costuma acontecer (e já acontece), ficar só no domínio de economistas, cientistas políticos e outros intelectuais. Deve ser difundido o mais amplamente possível pelas diversas camadas da sociedade. Especialmente entre as lideranças sociais e os formadores de opinião, além das lideranças empresariais. Temos agora um importante e efetivo fator para animar, motivar e unir a sociedade, o que certamente estimulará muitas iniciativas positivas de projetos e de investimentos.

Ainda em tempo

A maioria das pessoas com mais de 40 anos de idade já estava perdendo as esperanças de ver o Brasil concretizar a promessa de país do futuro, rico e desenvolvido. Hoje, temos uma oportunidade real de trazer de volta a esperança para esses desiludidos e frustrados brasileiros. Uma pequena parte talvez não chegue a usufruir do progresso em tempo, mas poderá pelo menos morrer um pouco mais feliz ao ver o início da construção desse tão almejado país do futuro. E poderá sentir-se recompensada ao ver que seus filhos e netos participarão e se beneficiarão do progresso do Brasil.

Espera-se que a população venha a ter outro motivo para vestir camisas com cores da bandeira do Brasil.

Um alerta necessário

O que fazer para o país entrar no clima de se preparar e de estimular as ações que o levarão a obter as condições para confirmar-se como parte do BRIC?

Essa confirmação não virá de graça, diga-se de passagem. A promessa não se concretizará se o Brasil não fizer a sua parte. Os prognosticadores dessa possibilidade já alertaram para tanto. O Brasil dispõe das precondições;

entretanto, precisa confirmar suas qualificações com efetivas realizações.

Já se cogitou a possibilidade de ficar só no RIC, sem o Brasil, ou no MRIC, trocando o Brasil pelo México, país com potencial desvantagem em relação ao nosso, mas que já apresenta alguma vantagem no que concerne à evolução.

Para garantir sua condição de integrante do BRIC, e favorecer seu ingresso no grupo das nações desenvolvidas, o Brasil precisa cuidar de suas anemias sociais e de suas doenças econômicas e políticas.

A sociedade brasileira tem de entrar rapidamente no clima e no ritmo do progresso. E aí vem a questão de como fazer isso. As mídias precisarão envolver-se fortemente. Contudo será necessário criar os fatos. E quem o fará? Os economistas, regra geral, não gostam de arriscar, a não ser em previsões de curtíssimos prazos, e nem assim são calorosos. Muito pelo contrário, tendem mais à dúvida e ao pessimismo. Os empresários são grandes interessados, mas costumam ser demasiado precavidos; gostam de ver para crer. Políticos com visão de estadistas poderiam carregar essa bandeira. As mídias deveriam colocar a questão em pauta pelo tempo necessário para esquentar o assunto. As lideranças dos empresários precisam se unir em torno dessa importante causa.

Essa é uma questão da mais alta relevância para o país, de interesse geral, e que requer ações urgentes e resultados rápidos. Portanto, todos que tenham condições de divulgar, esclarecer, incentivar e liderar devem se envolver com a campanha: jornalistas, radialistas, professores, líderes comunitários, líderes sindicais, enfim líderes de qualquer tipo de associação.

Nessa oportunidade, cabe lembrar aos leitores que este não é um livro de soluções técnicas. É, sim, mais voltado a propor inovações e incentivar ações. De modo mais específico, estimular a sociedade a resolver alguns entraves e pegar o trem das oportunidades e do progresso.

Vamos, senhoras e senhores empresários, carregar a bandeira de "embricar" o Brasil?

Segunda parte

As 12 competências e 5 incompetências dos empresários

Explicação inicial que ajuda a entender a "química" do empresário:

Diversos produtos resultam da combinação bem dosada de diversas matérias-primas. Um azulejo, uma tinta de parede, uma panela de teflon, uma impressora, uma caneta, um sapato, um telefone celular etc. derivam da combinação de vários materiais, devidamente processados.

Podemos ver na embalagem ou na bula de produtos farmacêuticos, alimentares, de decoração etc. que eles são resultado da combinação criteriosamente dosada de várias substâncias.

Empresários competentes se mostram como tal por meio da "química" ou da combinação, bem dosada, dos diversos fatores descritos a seguir.

As 12 competências que os empresários devem ter ou desenvolver.

1 Dirigentes de empresas de médio e grande porte

É preciso diferenciar alguns requisitos de competências de dirigentes entre organizações de maior e de menor porte. Há pontos comuns a todos eles e há outros específicos, como veremos.

1.1 Assegurar o prazer do negócio

A principal motivação dos empresários é, sem dúvida, o prazer do negócio e a satisfação pelos resultados positivos que ele gera. O lucro é uma decorrência e um indicador de sucesso. Esse prazer fica ampliado na medida em que se compreende que uma empresa gera vários resultados positivos, comprovando a competência do empreendedor – em resultados que merecem reconhecimento. Ter bom posicionamento entre os concorrentes, manter sua empresa *up to date*, ser prestigiado pelos fornecedores; ser reconhecido, valorizado e homenageado pela comunidade na qual atua, pela vida animada, pelos empregos e outros favorecimentos que proporciona; ser destacado pelas mídias especializadas, manter elevados índices de satisfação de clientes e empregados, enfim, são as várias e modernas maneiras de ampliar o prazer pela dedicação ao negócio. Apesar de muitos empresários não gostarem de aparecer (os chamados empresários *low profile*), isso não diminui o prazer íntimo pelos sucessos obtidos à frente dos negócios.

Dentro do foco deste livro, a atividade de negócio exige mostrar competência, traduzida em resultados positivos. Considerando as cinco categorias de competências requeridas pelo empreendimento ou negócio – técnicas, pessoais, gerenciais, organizacionais e estratégicas –, as estratégicas e de gestão prioritária são especialmente necessárias aos diretores principais. Já as técnicas e organizacionais são mais requeridas aos níveis intermediários de gestão.

1.2 Forte espírito empreendedor

Além da satisfação pelo êxito do negócio em si, o empresário mais vocacionado tem um formigamento, um impulso natural para a iniciativa, para a ação, para o empreender, para o fazer acontecer. Evidente que essa característica é necessária, também, a outras atividades humanas e sociais. Diversas profissões e atividades sociais requerem essa característica, como é o caso do jornalista, do líder comunitário, de alguns tipos de vendedores. Mas o empresário já tem no nome o significado de empreender. É preciso tê-lo também no sangue. Empreender bem a fim de mostrar as outras competências.

1.3 Gostar de desafio

Pessoas que gostam de desafios sentem-se estimuladas a encará-los por conta das características que exigem alguma dose de coragem, de ousadia, de gosto pelo correr risco e pela emoção que provocam. Mas o que diferencia a ousadia dos empresários competentes em relação à ousadia de outras classes de pessoas ou profissionais é o fato de manterem os pés no chão. São ousados cautelosos, ousados comedidos, ousados criteriosos. Existe uma expressão, não muito elegante por sinal, para caracterizar a ousadia inconveniente ou incompetente, não recomendada, de dirigentes: "porra-louca".

1.4 Sentido ou visão de oportunidade

A disposição para investir é uma condição essencial para tornar-se empresário. Ele vive de negócios e negócios requerem investimento, o que muitas vezes demanda o emprego de diversos capitais, implicando alta dose de risco. Investe-se dinheiro, energia, tempo, prestígio, bem-estar da família etc., além de freqüentemente provocar a abdicação da qualidade de vida. É preciso, portanto, estar bastante seguro para dar o passo certo, e fazê-lo na hora certa. Supondo que os outros requisitos para o investimento tenham sido examinados devidamente, cabe destacar aqui qual o momento certo de agir, de empreender. Apesar de exemplos exagerados ou evidentes, digamos que não se deve abrir uma loja de produtos de carnaval no mês de maio, nem uma loja de chimarrão no interior do Ceará ou de Pernambuco (a menos que seja em uma cidade colonizada por gaúchos ou catarinenses). O risco de fracasso é grande ao empreender um *shopping center* em cidades com população inferior a 150 mil habitantes; não se deve abrir uma fábrica de produtos de cerâmica numa região em que não exista mina de argila de boa qualidade. Por outro lado, pode-se abrir uma churrascaria ou um restaurante de rodízio, com boa qualidade, em qualquer cidade de tamanho médio ou grande, desde que a praça não esteja saturada. Abrir uma filial da empresa na China pode ser um bom negócio, se uma cuidadosa análise estratégica o demonstrar. Os chineses fizeram a mesma análise prévia (e eu fui entrevistado na ocasião por um grupo deles no início da década de 1980) do mercado brasileiro e de outros países, a fim de identificar que produtos deveriam produzir para deslanchar a produção que já há algum tempo vinham exibindo de forma impressionante. As luzinhas de árvore de Natal de que todos aprendemos a gostar, inclusive por seu baixo preço, é certamente um exemplo do resultado dessa pesquisa.

Pode ser fator de sucesso realizar pesquisas de mercado antes de investir.

1.5 Formar boa equipe de líderes-gerentes e cobrar-lhes resultados

Depois do advento da era da competitividade, todas as áreas da empresa precisam mostrar bons resultados. Já se foi o tempo em que só o pessoal de produção e vendas precisava fazê-lo, com os setores de apoio apenas como acessórios, um pouco mais ou um pouco menos prestigiados e exigidos.

As empresas estão ficando cada vez mais complexas com a crescente evolução das tecnologias, a crescente presença das TIs em todos os processos e sistemas, o aumento da importância estratégica da área financeira, a crescente valorização do fator humano e, por conseqüência, da área de RH – dependendo das características do negócio, verifica-se ainda o aumento da importância das áreas jurídica e de pesquisa, e da atividade de logística, por exemplo.

Não basta às empresas evoluir tecnológica e organizacionalmente. Precisam mais do que tudo evoluir em competência de gestão. Quanto maior a empresa, menor é a condição dos proprietários ou dirigentes principais de comandar suas atividades operacionais. Aliás, numa visão moderna de empresa, os dirigentes principais nem devem ocupar muito tempo com isso – precisam olhar mais para fora, estar mais atentos às circunstâncias do mercado, aos negócios e às evoluções. As operações e a dinâmica organizacional devem ficar a cargo do corpo gerencial. É de responsabilidade dos gerentes conseguir resultados positivos em diversos itens: cumprimento de seus programas específicos de operação e produção, boa administração do orçamento e dos custos, boa gestão da equipe de trabalho, satisfação de clientes internos e externos, desenvolvimento organizacional etc. Os gerentes têm de se tornar cada vez mais "policompetentes". E os dirigentes principais precisam estar atentos para esse fato, interessar-se, cuidar disso. Não só para assegurarem os bons resultados de sua empresa, mas também para que possam cuidar, com menor preocupação, de seus papéis principais e modernos.

Colocando de outra forma e sintetizando: o corpo gerencial, situado abaixo dos dirigentes principais, é quem comanda de fato as operações industriais, de vendas, administrativas e de serviço. Significa dizer que os gerentes que o compõem precisam ser competentes na gestão de todos os itens que envolvem a sua atividade (planejamento, processos, produção, manutenção, orçamento e custos, qualidade, entregas, gente, ambiente de trabalho etc.). Enfatizando: os gerentes de hoje precisam ser muito mais competentes do que aqueles dos tempos em que se cuidava somente de operações ou atividades específicas de sua área. Assim sendo, os dirigentes principais precisam proporcionar-lhes as devidas condições, cabendo-lhes também cobrar-lhes bons resultados.

1.6 Visão ampla de clientes e exigência com a satisfação deles

Em tempos de pouca concorrência e de maior procura do que oferta dos produtos da empresa, popularmente chamados de tempos de "vacas gordas" (vimos isso no Brasil em boa parte das décadas de 1960 e 1970), os empresários não se preocupavam em agradar os clientes. Era pegar ou largar. Mas desde que a competitividade se instalou para valer, não há como deixar de tratar bem o cliente – e é preciso saber fazer isso. Não é o caso, por exemplo, de abrir sorrisos falsos ou forçados no atendimento aos clientes, como têm feito alguns comércios oportunistas. Satisfazer os clientes exige técnica e arte. Não basta oferecer atendimento gentil, café na recepção ou algum tipo de brinde. Isso é o mínimo que se deve fazer. Satisfação competente de cliente requer antes de tudo empatia. Cada tipo de relacionamento, cada circunstância exige uma forma adequada de tratar e de satisfazer o cliente.

Os empresários devem ter isso como uma das questões estratégicas de seu negócio. E devem cuidar para que todas as áreas da empresa saibam satisfazer os clientes, cada uma conforme suas características de relações.

As empresas precisam cuidar também, e competentemente, dos intermediários que surgem, de forma crescente, no caminho entre a produção e o consumidor final. Os agentes intermediários dos processos de distribuição, das revendas, dos indicadores dos produtos, das brigas pelos espaços nos supermercados etc.

Há ainda outro tipo de cliente que merece atenção e cuidado por parte da direção das organizações: são os chamados clientes internos – os empregados ou colaboradores. Eles representam igualmente um fator-chave de sucesso entre os empresários e os consumidores intermediários e finais. Diagnósticos das organizações indicam muitas e perigosas falhas no tratamento dispensado a eles.

1.7 Saber delegar sem perder o controle

Saber delegar é uma atitude e uma competência importante por duas razões principais. Primeiro, porque a centralização excessiva de poder enfraquece um pouco a autoridade dos gestores e pode causar um ambiente desconfortável na empresa. Segundo, porque os dirigentes principais precisam concentrar maior atenção nos resultados mais significativos das organizações. E estes resultados são: lucro, índices financeiros e de produtividade, comportamento do mercado, satisfação dos clientes, satisfação dos empregados (clima organizacional) e imagem da empresa. Com base no exame dos resultados, deve-se adotar medidas importantes e prioritárias, além de solução de problemas e aperfeiçoamento. Isso é o que mais importa na direção de uma empresa.

Essa competência implica não só desenvolver a mentalidade, mas também a atitude. Implica também saber criar bons esquemas de controle. Não sobre detalhes pouco significativos, mas sobre resultados que importam. O controle de detalhes menos estratégicos ou importantes deve ficar a cargo dos níveis gerenciais.

1.8 Saber ser firme e coerente nas atitudes e propósitos

Empresas bem-sucedidas possuem visão e definem princípios. Ainda que isso não fique inicialmente explícito para empregados e clientes, na cabeça do empresário competente e bem-sucedido é uma sementinha que brota e vai evoluindo com o tempo. E, por se tratar de projeto idealizado, passa a ser um objetivo constante do empresário, sustentado mesmo nas horas mais difíceis. O tempo e o sucesso acabam por mostrar que vale a pena ser firme e coerente nos propósitos.

As empresas centenárias e mais constantemente bem-sucedidas do mundo, como Johnson & Johnson, 3M, Armco e muitas outras, têm seus princípios definidos desde os primeiros anos de existência e os conservam independentemente das dificuldades. Os presidentes que sucedem os que se aposentam assumem compromissos de manter os princípios da empresa.

1.9 Manter competente gestão econômica e financeira

Gestão financeira-contábil de vendas e produção sempre foi considerada o trio principal das prioridades dos dirigentes de empresas. De sua importância, ninguém duvida. Uma excelente idéia de negócio não basta para uma empresa ir longe se a gestão dessas três áreas não for bem-feita. Mas também não se vai longe dedicando total atenção a elas e pouca atenção aos itens anteriormente mencionados. Grande número de empresas fracassou dedicando total atenção a eles e desconsiderando os outros.

A gestão contábil é a mais permanente de todas. Já a gestão financeira tem aumentado sua importância e complexidade, principalmente pelas seguintes razões: a administração dos recursos de investimento muitas vezes delicada e arriscada; as aplicações dos recursos disponíveis e as negociações com bancos; a distribuição dos resultados.

Este, enfim, é um item que os empresários costumam desenvolver com competência. Além de acabarem tendo bom conhecimento do assunto, são normalmente bem assessorados por gerentes especialistas e por auditores – algumas vezes, essa assessoria é complementada por gerentes financeiros de bancos.

1.10 Ser estimulador e padrinho de competente gestão de pessoas e talentos

Dirigentes competentes adquirem a visão e convicção de que o sucesso de seus empreendimentos depende da maneira como conduzem a gestão de pessoas – a expressão Recursos Humanos possui um certo charme, mas é negativa: pessoas não devem ser consideradas meros recursos, e sim fatores-chave de produtividade e lucros. E não se trata somente da administração tecnicista de pessoal (aplicação de algumas técnicas de administração, como avaliação de cargos, aplicação de testes de seleção etc.), legal e paternalista (concessão de benefícios sem vínculo com resultados). Trata-se de desenvolver programas voltados para liderar melhor as pessoas, sustentar os verdadeiros fatores de motivação de pessoal, cuidar do desenvolvimento profissional – especialmente das competências, de planos sucessórios, do clima sadio de trabalho, entre outros planos.

Dirigentes competentes descobrem quais programas não são meros modismos ou apenas aparentam eficácia. E sabem que gestão competente de pessoas precisa de continuidade e coerência, pois a motivação das pessoas varia, tem altos e baixos, por influência de vários fatores sociais e de personalidade.

1.11 Saber usar assessoria e consultoria

Os dirigentes competentes sabem que é necessário utilizar o trabalho, permanente ou eventual, de assessorias e consultorias, internas e/ou externas. Isso porque eles precisam muito de informações estratégicas, de estudos especiais – às vezes muito especializados, às vezes até sigilosos. Quanto aos serviços especiais de consultores externos não há muita dúvida de sua eventual necessidade; o mesmo não acontece com relação a assessores internos (criaram-se inclusive expressões pejorativas para o título de assessoria). Em minhas andanças por muitas empresas, e ao examinar a forma como atuam os dirigentes, verifiquei que eles freqüentemente não sabem ou usam mal o trabalho de assessores e de secretárias. A contribuição que podem dar ao dirigente é grande e importante; permitem liberá-lo para outras atuações, que a modernidade e as características do mutável mundo dos negócios sugerem. Apenas um exemplo de um papel que pode ser importante: em virtude da grande quantidade de informações que a vida moderna nos oferece, pela internet ou revistas especializadas e livros, selecioná-las convenientemente se mostra uma tarefa bastante proveitosa. Alguns exemplos de assessoria útil: ajudar a preparar apresentações ou entrevistas, fazer levantamentos/pesquisas especiais de dados e informações, selecionar eventos para participação do executivo, entre outras.

A assessoria pode ser oferecida, no todo ou em parte, pela secretária executiva, cuja função e papel têm evoluído para incorporar atribuições que seriam próprias de assessores.

1.12 Visão de governança corporativa

Governança corporativa é uma visão mais evoluída de administração de grandes e complexas organizações, ou corporações. A idéia tem sido mais aplicada em empresas de capital aberto; muitas das que não abriram seu capital procuram se estruturar para se enquadrar ao modelo. É interessante observar que muitas diretorias de entidades associativas já possuem estruturas e regras de funcionamento dentro do modelo de governança corporativa.

A governança corporativa implica fundamentalmente três tipos de definições: i) da estrutura do conselho de direção e das diretorias executivas, assim como do comitê de auditoria e conselho fiscal; ii) das crenças, objetivos e políticas empresariais, dos regimentos internos, promovendo a realização de reuniões com atas e comunicação de seus atos, decisões e resultados operacionais; iii) da forma de se relacionar com o mercado – acionistas e investidores, bolsa de valores, câmara de arbitragem – e com a imprensa especializada, podendo incluir também a relação com a comunidade.

O pressuposto é de que empresas com boa governança corporativa conquistam mais confiança dos acionistas e do mercado, pois tendem a ser mais bem geridas e controladas, com melhores resultados de negócios e de retribuição aos investidores, assim como menores possibilidades de erros e irregularidades.

Nos últimos tempos, temos visto poderosas empresas ruírem, assim de repente, por problemas em sua alta direção, especialmente nos Estados Unidos. Não é raro também assistirmos em filmes de Hollywood o tema da disputa pelo poder em grandes corporações prejudicando os negócios. Se puxarmos pela memória, porém, lembraremos de grandes empresas brasileiras que fracassaram por insistirem em esquemas de gestão familiar, negligenciando a profissionalização de sua administração maior.

É evidente que o empresário não precisa ser bom em tudo. Mas a falta de preparo em algum setor deve ser substituída pela assessoria de bons técnicos e especialistas, e também por um boa equipe de gerentes.

2 Dirigentes de micro e pequenas empresas

Dentre os doze itens anteriores, aplicáveis a empresários de organizações de médio e grande porte, os seguintes não se aplicam inteiramente aos micro e bem pequenos empresários:

2.1 Aplicam-se apenas parcialmente

Referente ao item 1.5 – pelo pequeno porte da empresa, provavelmente não haverá equipe de gerentes. O empresário acaba sendo o presidente, diretor e gerente ao mesmo tempo. Se não lhe cabe cuidar da qualificação e competência de líderes intermediários, precisa cuidar da sua competência como gestor e líder. E muito bem, porque se o único dirigente da organização falhar neste mister, o desastre é total. Cabe salientar que, para qualquer quantidade de subordinados, é necessário aplicar corretos princípios de gestão, como definir atribuições e papéis, orientar e treinar, avaliar desempenho e dar *feedback*, recompensar adequadamente.

Referente ao item 1.7 – no que concerne à delegação, exceto no caso do microempresário que atua sozinho, haverá pequena necessidade de utilizá-la. Mas existindo alguma, esta precisa ser bem feita. Com três, cinco, dez empregados, sempre haverá necessidade de ter alguém para cuidar de situações que surgem na ausência do empresário, especialmente para casos de responder ou dar explicações pela empresa. Se os clientes perceberem que a empresa não tem esse mínimo cuidado de organização, podem criar uma imagem ruim dela e não voltar mais, além de certamente não recomendá-la quando lhes pedirem indicação.

Conheço o caso de um microempresário que possui um negócio de conserto de um tipo de aparelho eletrônico em um quiosque daqueles que ficam nos corredores de *shopping center*. Por precisar funcionar obrigatoriamente doze horas por dia, de segunda a domingo, incluindo feriados, teve de contratar um auxiliar. Abrindo uma filial em outro *shopping*, contratou mais um. E mesmo assim estava com pouca folga. Rapidamente, percebeu que perdia negócios por não permitir que os contratados tomassem decisões na sua ausência.

Referente ao item 1.10 – com relação à gestão de pessoas, aqui se aplica o mesmo raciocínio utilizado nos dois itens anteriores: a quantidade de subordinados pode requerer menos trabalho no trato das pessoas, mas essa medida não pode de maneira nenhuma ser negligenciada. As pessoas, individual ou coletivamente, gostam de ser bem tratadas, respeitadas e valorizadas. Se uma mesma casa tiver três funcionários – empregada doméstica, motorista e jardineiro, por exemplo –, não se deve privilegiar o tratamento de nenhum; e ainda é preciso ficar atento ao relacionamento entre eles.

2.2 Único item que não se aplica a pequenos e microempresários

Trata-se da governança corporativa, por razões óbvias. Mas não se aplica de modo especial aos subitens i) e iii) do item 1.12, que se referem à estrutura do conselho diretor e conselho fiscal e a esquemas de relação com acionistas. Aplica-se em parte ao subitem ii), no que diz respeito à questão de as empresas precisarem ter princípios e regras.

As 5 incompetências que muitos empresários costumam mostrar.

Neste caso, aplica-se ao grande, médio, pequeno e microempresário. E fica desde já a observação de que são comportamentos herdados do passado, de épocas menos evoluídas na sociedade e nas empresas. As melhores organizações se empenham por minimizar esses pontos fracos. Mas isso exige determinação, constância e coerência. Quem não buscar a evolução conscientemente, precisará esperar muitas décadas até que a evolução natural aconteça.

1 Paternalismo

Trata-se de uma atitude altamente inconveniente adotada pela maioria dos empresários. Na verdade, trata-se de uma cultura social. Todos os tipos de lideranças, incluindo empresários, pais, políticos etc., são paternalistas. Destacarei aqui o paternalismo dos empresários.

O que significa paternalismo e por que ele é contraproducente?

De forma bem simplificada, paternalismo é uma forma de agir do líder que implica uma troca: se seu empenho, conduta, disponibilidade me agradarem, eu lhe dou uma recompensa – sem princípios, regras e limites claros. Lembro-me de um caso em que o chefe (agindo por emoção) promoveu um empregado porque este atendeu à sua necessidade de virar a noite para ajudar a consertar uma máquina enguiçada. Colocou-o na posição de um cargo vago de encarregado. Meses depois, precisou demiti-lo – o funcionário estava atuando mal na nova função. Observam-se milhares de situações semelhantes nas organizações.

Os pais mostram atitude de paternalismo (nem é preciso explicar que os chefes imitam os pais, daí o nome) quando dizem ao filho: se você se comportar bem e/ou tirar boa nota no colégio, nós lhe daremos a bicicleta. Os mesmos pais ora dão carinho e ora dão chineladas nos filhos sem muito critério, levados apenas pelo impulso, pela emoção.

O normal, o não-paternalismo é ser exigente sem oferecer compensações, a menos que por mérito, com princípios definidos; não por barganha. Um gerente promove alguém não para recompensar esforços ou dedicações extras, mas porque atende melhor aos requisitos de uma posição, destaca-se mais, mostra melhores resultados. E isso precisa estar claro para todos.

Trata-se, pois, de uma incompetência das mais negativas.

2 Insensibilidade social e humana

A imagem de empresários ainda é bastante negativa. Procurando frases ou pensamentos de efeito para citar em um ou outro ponto deste livro, só encontrei frases que mostram aspectos depreciadores, predominantemente egoísmo, ambição e insensibilidade humana e social, que tem um fundo de verdade em relação à maioria, e apesar de todo o progresso destacado aqui a despeito do sabido crescimento do número de empresários cidadãos e com desenvolvida visão e sensibilidade social.

Trata-se de uma questão cultural que o tempo e uma conscientização mais rápida de seus valores e papéis ajudarão a melhorar.

3 Controlador excessivo

Este é um bem conhecido comportamento de dirigentes e líderes em geral. Comportamento que parte do pressuposto de que as pessoas não são sérias e responsáveis. Na verdade, se as pessoas (não se cogitam aqui as exceções sempre existentes, que são minoria) mostram um comportamento inadequado no trabalho, isso ocorre muito mais por falhas de liderança, de ambiente ou falta de organização. Se o trabalho for bem distribuído, se houver um ambiente de cooperação e camaradagem, não será necessário controlar excessivamente as pessoas ou a equipe. A antiga teoria "x" (da dupla "x" e "y"), segundo a qual as pessoas são por natureza preguiçosas e desinteressadas, já não é levada a sério há muito tempo.

Há de se desmistificar também uma falsa idéia de displicência ou desinteresse pelo trabalho, como no caso de mecânicos de manutenção que ficam parados esperando por uma ocorrência. Já vi muitos gerentes e diretores sentirem-se incomodados com isso. Mas é muito melhor que fiquem a maior parte do tempo parados, indicando que as máquinas não estão dando defeito. Também não se pode prescindir deles. Uma opção para melhorar a situação talvez seja tornar o mecânico polivalente, dando-lhe outras atribuições que possa exercer enquanto as máquinas não apresentam problemas.

4 Ações e decisões individualistas e personalistas

Mais uma vez salientando uma evolução de estilo de direção: no passado, era muito comum – e até havia mais ambiente para isso – os dirigentes, tanto proprietários quanto diretores e gerentes, mostrarem uma postura fortemente individualista e personalista, com fortes temperos de autoritarismo. E eram ainda poucos os livros e seminários voltados para mostrar as vantagens da gestão participativa e do sentido de equipe nas organizações. As principais teorias surgidas na década de 1970 voltavam-se mais a explicar os estilos do que a mostrar as vantagens da gerência participativa e democrática, como se observa nos últimos tempos.

É salutar verificar um crescente aumento dos programas de treinamento de liderança nas organizações, principalmente nas maiores e mais evoluídas. No entanto, apesar disso, as pesquisas têm mostrado que os treinamentos de liderança ainda são muito tímidos, teóricos e genéricos. Não se muda uma cultura de direção com treinamentos raros e excessivamente teóricos. O efeito prático tem sido pequeno, principalmente nos líderes com idade acima de 40 anos, pertencentes à chamada geração *baby boomer*, que possuem uma cultura individualista mais forte, assim como paternalista e autoritária – conforme mostrado no livro *As 4 principais lideranças da sociedade*, parte da quadrilogia sobre liderança competente de que esta obra faz parte. A nova geração de líderes, apesar das influências recebidas pela geração *baby boomer*, tende a assimilar melhor e mais rapidamente as teorias sobre os estilos mais modernos e convenientes de gestão empresarial e de pessoas.

Tenho insistido em lembrar que as lideranças precisam evoluir seus estilos de direção de comando autoritário para liderança participativa, não só pela evolução da democracia e das idéias, mas principalmente porque as novas gerações – a geração "x", entre 20 e 35/40 anos, e a geração "y", entre 10 e 20 anos, aproximadamente – não aceitam bem o individualismo e personalismo das lideranças, muito menos o estilo autoritário.

5 Indisciplina metodológica

Apesar de uma razoável parcela de empresas evoluir no aspecto da disciplina metodológica, é ainda maior o número de empresas que planejam pouco e não sustentam devidamente os seus programas, calendários e orçamentos. Estou considerando um universo maior de empresas, e não apenas as que constam das listas de maiores e melhores. E há de se mencionar o fato de as empresas multinacionais acharem-se bem mais evoluídas do que as brasileiras nesse aspecto.

Vale observar que, além de a cultura do planejamento e uma certa disciplina organizacional não estarem devidamente evoluídas, as instabilidades de mercado e a velocidade das mudanças contribuem ainda mais para dificultar essa evolução comportamental. Um aspecto particular dessa indisciplina, mas que tem muito peso, é a pouca persistência de grande parcela dos profissionais na sustentação dos planos – apesar de ter havido algum progresso em sua elaboração.

Já tive oportunidade de comentar várias vezes, em reuniões e palestras, o fato de os nossos profissionais gostarem mais de elaborar do que de implementar planos e programas. Principalmente os de longo prazo. É mais ou menos como aqueles corredores de maratona que saem disparados no início, dando a impressão de que vão terminar nos primeiros lugares, contudo abandonam a corrida no meio do caminho. Os vencedores da maratona, tal como os bons planejadores, são aqueles que possuem uma disciplina desenvolvida.

Disciplina metodológica no que diz respeito a planejamento, organização, controles e gestão das atividades, com desenvolvido sentido de conseqüência, é fruto de maturidade diretiva e gerencial. Evolução que quem ainda não conquistou deve procurar obter. Cabe aos dirigentes das organizações dar bom exemplo desse comportamento e incentivá-lo.

Em suma

- *Aumentar a renda de quem trabalha pode ser o melhor investimento de médio e longo prazo para as empresas em geral. E será, com certeza, o melhor e mais rápido caminho para acelerar o desenvolvimento do Brasil.*

- *Todos precisam ajudar a promover isso: grandes, médios e pequenos empresários. Até mesmo os "patrões", empregadores de trabalho doméstico.*

- *Fica muito claro que todos se beneficiam com o crescimento da economia: trabalhadores, empresas, instituições, sociedade e país.*

- *Uma das principais características dos países mais ricos e desenvolvidos é ter a maior parte da população na classe média, como resultado de melhor distribuição de renda. Trata-se de um dos desafios mais prioritários de nossa sociedade.*

- *A melhoria da distribuição de renda tirará o Brasil – 12ª economia do mundo – de sua vergonhosa posição de um dos paí-*

ses com menor Índice de Desenvolvimento Humano (IDH) do planeta, conforme tem mostrado a ONU.

⬛ *As soluções para desenvolver a economia estão menos nas teorias convencionais e mais na disposição dos empresários e da sociedade de ousar e inovar.*

⬛ *A fim de que haja uma melhor distribuição de renda no Brasil, é necessária ampla conscientização de todos os setores da sociedade, principalmente de quem emprega e remunera pessoas: grandes e pequenos empregadores, com fundamental ajuda de todos os meios de informação e comunicação. E em todas as oportunidades: debates públicos, congressos, palestras especiais etc. Durante algum tempo, os jornais, TVs e rádios deveriam apresentar programas especiais para tratar desse importante assunto. Muitas ONGs podem ajudar nessa campanha.*

⬛ *É preciso criar um compromisso de toda a sociedade com o desenvolvimento do país, para o Brasil repetir a façanha de crescer vinte anos em cinco.*

A sociedade brasileira já está amadurecida para esta grande promoção e realização.

> *"Não se ganham batalhas de hoje com armas de ontem."*

JOSÉ SARAMAGO
Escritor português

Bibliografia

BOOG, Gustavo G.; BOOG, Magdalena T. *Tempo de convergir*. São Paulo: Gente, 2003.

CHOPRA, Deepak. *Criando prosperidade*. Rio de Janeiro: BestSeller, 1993.

COUTINHO, Dirceu M. *Entenda a globalização*. São Paulo: Aduaneiras, 1998.

CROSBY, Philip B. *Liderança*. São Paulo: Makron Books, 1991.

DRUCKER, Peter F. *Administrando para o futuro*. São Paulo: Pioneira, 1992.

_____. *Sociedade pós-capitalista*. São Paulo: Pioneira, 1994.

FARIA, Aparecido *et al*. *Empresa social e globalização*. São Paulo: Anteag, 1998.

FISCHMANN, Adalberto A.; MARTINHO, Isnard R. Almeida. *Planejamento estratégico na prática*. São Paulo: Atlas, 1990.

GALBRAITH, John K. *O novo estado industrial*. São Paulo: Nova Cultural, 1988.

HATAKEYAMA, Yoshio. *A revolução dos gerentes*. Belo Horizonte: Fundação Christiano Ottoni, 1995.

HUNTER, James C. *O monge e o executivo*. Rio de Janeiro: Sextante, 2004.

KAHN, Herman (org.). *O futuro da empresa*. São Paulo: Melhoramentos, 1994.

LAURENT, Philippe; JAHAN, Emmanuel. *O empresário e os desafios do milênio*. São Paulo: Fundação Fides, 1998.

MATOS, Francisco Gomes de. *Fator Q F: quociente de felicidade*. São Paulo: Makron Books, 1997.

MORAES, Antônio Ermírio. *Somos todos responsáveis*. São Paulo: Gente, 2007.

MORRIS, Tom. *E se Aristóteles dirigisse a General Motors?* Rio de Janeiro: Campus, 2004.

NETO, Francisco Paulo de Melo; FROES, César. *Responsabilidade social & cidadania empresarial*. Rio de Janeiro: Qualitymark, 1999.

OLIVER, Richard W. *Como serão as coisas no futuro*. São Paulo: Negócio, 1999.

POSNER, Kouzes. *O desafio da liderança*. Rio de Janeiro: Campus, 2003.

RESENDE, Enio. *A força e o poder das competências*. Rio de Janeiro: Qualitymark, 2005.

_____. *As 4 principais lideranças da sociedade e suas competências*. São Paulo: Summus, 2008a.

_____. *Atenção, sr. diretor!* São Paulo: Summus, 1983.

_____. *Competência, sucesso, felicidade*. São Paulo: Summus, 2008b.

_____. *Compreendendo seu CHA: conheça o perfil de Competências, Habilidades e Aptidões de seu cargo ou profissão*. São Paulo: Summus, 2008c.

SACHS, Jeffrey. *O fim da pobreza*. São Paulo: Companhia das Letras, 2005.
SANTOS, Milton. *Por uma outra globalização*. Rio de Janeiro: Record, 2001.
SEMLER, Ricardo. *Virando a própria mesa*. Rio de Janeiro: BestSeller, 1988.
SILVA, Ozires. *Cartas a um jovem empreendedor*. Rio de Janeiro: Elsevier, 2006.
SIQUEIRA, Carlos Aquiles *et al. Geração de emprego e renda no Brasil*. Rio de Janeiro: DP&A, 1999.
URIS, Auren. *Livro de mesa do executivo*. São Paulo: Pioneira, 1970.
WIEST, Nogert. *Gestão participativa*. Publicação própria, 1985.

leia também

COMPETÊNCIA, SUCESSO, FELICIDADE
UM ROTEIRO PRÁTICO PARA DESENVOLVER COMPETÊNCIAS
DESTINADO A EXECUTIVOS, LÍDERES EM GERAL, INTELECTUAIS, PAIS,
PROFESSORES, ESTUDANTES, EMPRESÁRIOS, POLÍTICOS E
PROFISSIONAIS LIBERAIS
Enio Resende

Além de mostrar como se dá a crescente valorização do fator *competência* nas organizações da sociedade, esta obra explica a relação entre autodesenvolvimento, aplicação das competências, sucesso profissional e realização pessoal.
REF. 10405   ISBN 978-85-323-0405-6

COMPREENDENDO O SEU CHA
CONHEÇA O PERFIL DE COMPETÊNCIAS, HABILIDADES E APTIDÕES
DE SEU CARGO OU PROFISSÃO
Enio Resende

Livro que trata de assunto inédito, bastante atual e de fácil aplicação. Explica como as pessoas podem se identificar com suas profissões e seus planos de carreira. O autor apresenta as características de 26 das mais importantes profissões de nível superior, incluindo os requisitos de Competências, Habilidades e Aptidões de cada uma delas.
REF. 10415   ISBN 978-85-323-0415-5

AS 4 PRINCIPAIS LIDERANÇAS DA SOCIEDADE E SUAS COMPETÊNCIAS
UM LIVRO VOLTADO PARA PAIS, EDUCADORES,
GERENTES E LÍDERES COMUNITÁRIOS
Enio Resende

Ao mesmo tempo em que defende a tese de que a liderança é a principal e mais abrangente função no organismo social, o livro destaca a importância específica das 4 principais lideranças da sociedade: os pais, os educadores, os gerentes das organizações e os líderes comunitários.
REF. 10420   ISBN 978-85-323-0420-9

IMPRESSO NA
sumago gráfica editorial ltda
rua itauna, 789 vila maria
02111-031 são paulo sp
telefax 11 **6955 5636**
sumago@terra.com.br

------------------------ dobre aqui ------------------------

CARTA-RESPOSTA
NÃO É NECESSÁRIO SELAR

O SELO SERÁ PAGO POR

A/C AVENIDA DUQUE DE CAXIAS
01214-999 São Paulo/SP

------------------------ dobre aqui ------------------------

O PAPEL DOS EMPRESÁRIOS NO DESENVOLVIMENTO DO BRASIL

recorte aqui

summus editorial

CADASTRO PARA MALA-DIRETA

Recorte ou reproduza esta ficha de cadastro, envie completamente preenchida por correio ou fax, e receba informações atualizadas sobre nossos livros.

Nome: _____ Empresa: _____
Endereço: ☐ Res. ☐ Coml. _____ Bairro: _____
CEP: _____ - _____ Cidade: _____ Estado: _____ Tel:( ) _____
Fax:( ) _____ E-mail: _____
Profissão: _____ Professor? ☐ Sim ☐ Não Disciplina: _____ Data de nascimento: _____

1. Você compra livros:
☐ Livrarias ☐ Feiras
☐ Telefone ☐ Correios
☐ Internet ☐ Outros. Especificar: _____

2. Onde você comprou este livro? _____

3. Você busca informações para adquirir livros:
☐ Jornais ☐ Amigos
☐ Revistas ☐ Internet
☐ Professores ☐ Outros. Especificar: _____

4. Áreas de interesse:
☐ Educação ☐ Administração, RH
☐ Psicologia ☐ Comunicação
☐ Corpo, Movimento, Saúde ☐ Literatura, Poesia, Ensaios
☐ Comportamento ☐ Viagens, Hobby, Lazer
☐ PNL (Programação Neurolingüística)

5. Nestas áreas, alguma sugestão para novos títulos? _____

6. Gostaria de receber o catálogo da editora? ☐ Sim ☐ Não

7. Gostaria de receber o Informativo Summus? ☐ Sim ☐ Não

Indique um amigo que gostaria de receber a nossa mala direta

Nome: _____ Empresa: _____
Endereço: ☐ Res. ☐ Coml. _____ Bairro: _____
CEP: _____ - _____ Cidade: _____ Estado: _____ Tel:( ) _____
Fax:( ) _____ E-mail: _____
Profissão: _____ Professor? ☐ Sim ☐ Não Disciplina: _____ Data de nascimento: _____

Summus Editorial
Rua Itapicuru, 613 7º andar 05006-000 São Paulo - SP Brasil Tel. (11) 3872-3322 Fax (11) 3872-7476
Internet: http://www.summus.com.br e-mail: summus@summus.com.br

cole aqui